RÉCIT
D'UNE
VIE ANTÉRIEURE
1798 - 1825

RÉCIT
D'UNE
VIE ANTÉRIEURE
1798 - 1825

LA RÉINCARNATION EXISTERAIT-ELLE VRAIMENT
À PARTIR DE RÊVES D'UNE VIE PASSÉE ?

Marcel Robillard

ADA
éditions

Éditeur : François Doucet
Révision linguistique : Caroline Bourgault-Côté
Correction d'épreuves : Nancy Coulombe, Carine Paradis
Photos de l'intérieur : Raoul Fortin, Richard Bernier, John Stephens, Noel Myrick, Phil Roche et Kevin Roche
Montage de la couverture : Matthieu Fortin
Photo de la couverture : © istockphoto
Mise en pages : Sébastien Michaud
ISBN 978-2-89565-881-8
Première impression : 2010
Dépôt légal : 2010
Bibliothèque et Archives nationales du Québec
Bibliothèque Nationale du Canada

Éditions AdA Inc.
1385, boul. Lionel-Boulet
Varennes, Québec, Canada, J3X 1P7
Téléphone : 450-929-0296
Télécopieur : 450-929-0220
www.ada-inc.com
info@ada-inc.com

Diffusion
Canada :   Éditions AdA Inc.
France :   D.G. Diffusion
              Z.I. des Bogues
              31750 Escalquens – France
              Téléphone : 05.61.00.09.99
Suisse :   Transat – 23.42.77.40
Belgique :   D.G. Diffusion – 05.61.00.09.99

Imprimé au Canada

Participation de la SODEC.
Nous reconnaissons l'aide financière du gouvernement du Canada par l'entremise du Programme d'aide au développement de l'industrie de l'édition (PADIÉ) pour nos activités d'édition.
Gouvernement du Québec – Programme de crédit d'impôt pour l'édition de livres – Gestion SODEC.

Catalogage avant publication de Bibliothèque et Archives nationales du Québec et Bibliothèque et Archives Canada

Robillard, Marcel, 1945-

Récit d'une vie antérieure, 1798-1825

ISBN 978-2-89565-881-8

I. Titre.

PS8635.O238R42 2009   C843'.6   C2009-941369-8
PS9635.O238R42 2009

Ce livre est dédié à tous ceux qui croient en l'âme,
à tous ceux qui aiment la mer
et à tous ceux qui aspirent à une vie meilleure.
Mes sincères remerciements à ma fille, Susan,
qui a depuis toujours inspiré ma vie.
Ainsi qu'à Jim, photographe,
et à Alex, caméraman, sans lesquels
cet ouvrage n'aurait pu être présenté sous ce jour.

PROLOGUE

Pour vous, chers lecteurs, voici le livre que j'ai promis. Et voici son entrée en matière : avons-nous vraiment vécu avant cette vie ?

Une question nébuleuse qui peut également susciter une controverse, me direz-vous, mais il n'en reste pas moins que j'ai rencontré plusieurs personnes à qui il est arrivé, à un moment ou à un autre, de voir des bribes de vies passées. Ce peut être ces drôles de questions auxquelles on ne s'attend pas et qui sont souvent posées par de jeunes enfants. Ou encore ces phénomènes, si étranges, sur lesquels on s'attarde en les qualifiant de déjà vu. Et que dire de la répétition d'un cauchemar au sujet d'une mort qui apparaît tout à coup si réelle ?

Peut-être vous est-il aussi déjà arrivé pendant votre sommeil d'avoir eu l'impression d'être sorti de votre corps, de voler, de flotter et de vous promener dans des endroits connus ? Ou bien de rencontrer quelqu'un pour la première fois et d'avoir la conviction que cette personne est votre âme soeur, mais sans toutefois pouvoir mettre le doigt sur ce qui a créé ou provoqué une telle attirance ?

L'origine et la signification de ces phénomènes ont depuis longtemps fait l'objet de discussions qui ont abouti à des interprétations différentes. Pour ma part, je crois que nos vies antérieures restent intimement liées avec certains comportements que nous adoptons dans notre vie courante.

Quoique je ne sois pas écrivain, pas au sens propre du mot du moins, j'ai quand même eu beaucoup de plaisir à rédiger ce livre, qui m'a donné la chance de décrire certains de ces phénomènes dont j'ai fait mention un peu plus tôt, des moments de vie et d'expériences extraordinaires que j'ai eu envie de partager avec vous. En racontant cette histoire, j'ai voulu mettre en évidence l'influence qu'exercent les vies passées sur nos vies présentes. Il se peut que certains éléments qui se rapportent aux dates, aux lieux ou aux noms restent inexacts, mais l'essentiel y est. À la fin des chapitres que vous allez bientôt parcourir, je vous expliquerai comment cette vie passée a pu nuire à ma vie présente et comment sa découverte a pu effacer autant de confusion.

Peut-être mes expériences vous amèneront-elles à prendre conscience de phénomènes similaires qui auraient hanté votre vie.

Mon odyssée et mes recherches m'auront donc amené à découvrir un passage clair vers une compréhension facilement atteignable en ce domaine. Pour les curieux qui désirent en apprendre davantage à propos des vies passées ou qui aimeraient personnellement me rencontrer, j'ai laissé mes coordonnées à la page 212.

À bientôt.

CHAPITRE I

Mon histoire commence en Angleterre, à Portsmouth, où je suis né. Mon père avait épousé une Française, une femme du Havre aux traits délicats, très belle et très enviée, mais qui aimait aussi afficher son avoir, montrer sa supériorité et faire l'étalage de tout ce qu'elle possédait. Issu d'une famille riche, j'ai donc appris deux langues dès mon plus jeune âge et une troisième, l'espagnol, qu'un tuteur privé m'enseigna un peu plus tard. C'est donc de ma mère que me vient mon prénom, Jean. Et, quoique je sache qu'elle désirait me voir soumis aux règles et à l'art de la bourgeoisie, c'est à l'aventure que mon cœur aspirait.

Mon premier souvenir remonte à mes cinq ans, du temps où mon père possédait une flotte de navires marchands affectés au transport des marchandises entre l'Ancien et le Nouveau Monde. À cette époque, nous habitions une spacieuse et magnifique maison entourée de jardins immenses couverts d'arbres et de fleurs de toutes sortes et de toutes les couleurs, ainsi qu'une fontaine où je faisais naviguer de petits bateaux en bois et en papier que je m'amusais à fabriquer tout d'abord seulement pour les faire couler avec mes canons imaginaires. À cet âge, je rêvais déjà de la mer et des trésors perdus par les Espagnols dont mon père racontait les histoires, le soir, chaque fois qu'il se trouvait entre amis ou en compagnie de ses capitaines qui venaient souvent prendre le thé à la maison. Ma curiosité était insatiable et, lorsque j'entendais les marins, j'en profitais toujours pour me glisser à portée de voix. Et ô combien j'ai pu m'enivrer en buvant leurs paroles !

Puis vint le jour où Philip, un de ses capitaines, parla du galion espagnol chargé d'or et d'argent qui avait coulé près des côtes de Cuba après que le sien eut été aussi envoyé au fond. Des propos et un sujet qui enflammèrent aussitôt mon esprit : les pirates ! Une histoire fascinante qui réveilla une pulsion incontrôlable : l'appel de la mer !

Et par un beau matin, au-delà de tous mes rêves, mon père décida de m'amener avec lui.

J'allais enfin mettre les pieds sur le pont !

Ébloui, excité, enivré, je n'avais d'yeux que pour le navire, énorme et si impressionnant.

Au début, l'équipage jeta sur moi un regard plutôt curieux. J'ai dû mettre quelque temps à comprendre qu'il s'agissait de mon accoutrement. Ce jour-là, j'étais chaussé de talons hauts, vêtu de bas aux genoux et coiffé d'un de ces chapeaux dernière mode que prisait ma mère, mais que je détestais par-dessus tout. L'habit du marin était si différent du mien que j'en fus gêné. Ces rudes gaillards devinaient-ils dans mon regard et mon malaise combien je pouvais aspirer à leur vie, combien je désirais être comme eux, un homme simple, libre, au teint brûlé par le sel, aux vêtements amples et foncés d'où transpirait la mer ?

Tout à coup, le bruit du vent dans les voiles du mât où était fixé le baril du hunier me fit sursauter. Je levai la tête et eus le vertige en pensant qu'un jour il me faudrait probablement monter tout là-haut.

Je soupirai en baissant le regard et j'aperçus le capitaine à quelques pas. Je m'empressai de le rejoindre, car je voulais en savoir plus au sujet des manœuvres exécutées par l'homme qui travaillait non loin de nous, sur le pont.

— Tu vois, me répondit le capitaine, sans tenir compte de mon jeune âge mais très certainement de la présence de mon père, ce marin veille à ce que toutes les cordes soient attachées avant que le bateau ne prenne le large. Sur une mer violente, les cordes laissées à la traîne peuvent devenir dangereuses pour les voiles qui alors s'entremêleraient... Ou pire encore, elles pourraient se casser et tuer quelqu'un.

Enorgueilli de ces nouvelles connaissances, je bombai le torse fièrement.

— Merci de m'avoir expliqué cela, capitaine. Je veux vraiment tout savoir et tout connaître sur ce bateau.

Rien qu'à trottiner autour de cet homme qui, j'en étais certain, pouvait tout m'apprendre du seul métier encore capable de faire battre mon cœur, me donnait le sentiment de faire partie de l'équipage. Et deux ans plus tard, sans qu'il ne le sache, ce même capitaine m'aura fait le plus beau des cadeaux.

C'était un après-midi pluvieux, le ciel était à l'orage. J'avais accompagné mon père qui devait faire une inspection avant que le navire ne quitte le port avec sa cargaison. Préoccupé par quelque affaire, il me laissa à la timonerie, ce lieu où se trouve la roue du gouvernail, celle qui dirige la navigation. Juché sur un petit banc placé par le capitaine à mon intention, je pus manœuvrer la barre en imaginant mon avenir ; j'étais enfin devenu un homme ! Capitaine au long cours parti à l'aventure sur une mer déchaînée où sillonnaient des pirates, je criais mes ordres au second...

Un peu plus tard, lorsque la calèche tourna pour s'engager dans les rues dont les immeubles coupaient de la vue du port, j'osai demander :

— Père, quand reviendrons-nous ?

— Nous reviendrons, mon garçon, me dit-il. Mais il faut tout d'abord t'occuper de ton éducation.

Quoique je n'aie pu, à cet instant, réellement mesurer toute l'étendue de ses paroles, ma gorge se serra et c'est avec le cœur gros que je suis rentré à la maison.

CHAPITRE II

Astiqué comme une pièce d'argenterie, vêtu comme un enfant-roi, j'avais pris place aux côtés de ma mère pour me rendre à l'école ; mon premier jour. Non seulement avait-elle exigé que nous prenions la plus belle de nos calèches, mais elle aussi s'était parée de ses plus beaux atours.

Je n'aimais pas l'attitude de ma mère. L'air hautain du visage au port trop droit et trop fier prouvait bien qu'elle était venue pour la parade et non pas pour moi. Ma mère aimait afficher publiquement son importance, elle ne ratait aucune occasion. Déçu par son comportement, je me consolai avec la certitude que j'allais bientôt pouvoir revivre une vie comme toutes celles que j'avais vécues auparavant, c'est-à-dire une vie d'homme simple mais débordante d'aventures, où le snobisme et la bourgeoisie n'essaieraient pas de s'ancrer dans mes veines et de tarir mon sang. Cette pensée me donna alors envie de me défaire de son emprise et je détournai le regard.

Cette partie de la ville m'était complètement inconnue. Il y avait un brin d'horreur dans ce que j'y découvris : la pauvreté. Une pauvreté dont on m'avait préservé jusqu'ici et une prise de conscience qui me darda droit au cœur.

Devant les maisons délabrées, dont certaines tombaient littéralement en ruine, les rues étaient jonchées de détritus. Les gens de la populace, comme les appelait ma mère, qui habitaient ces taudis, étaient vêtus de haillons tout comme leurs enfants, morveux et sales, qui fouillaient dans les ordures tandis que d'autres, plus hardis, s'accrochaient désespérément à la calèche en tendant une main pour quémander du pain. Je dévisageais celui qui se tenait tant bien que mal en équilibre sur l'étroit marche-pied en criant : « Un sou, s'il vous plaît. Juste un sou, s'il vous plaît... » quand je sentis la pitié m'envahir, et la tristesse aussi. Moi, qui ne manquais de rien, j'aurais donné n'importe quoi en cet instant pour pouvoir faire quelque chose, aider cet enfant, aider les pauvres, mais le regard absent de ma mère et le rythme soutenu maintenu par le cocher sous ses ordres me confirmèrent qu'il en serait autrement. En poursuivant la route qui m'amenait à l'école, je me suis alors promis que j'allais y voir un jour.

Puis nous sommes enfin arrivés.

À ma grande surprise, l'école était située sur le bord du quai. J'allais donc pouvoir observer mes merveilleux bateaux et tous ces hommes au teint bruni par le sel et le soleil qui vaquaient à leur travail sur le pont ou ces autres, aux épaules chargées de barils et de sacs, marchant à la queue leu leu en aller-retour sur les passerelles de bois, minces et étroites, qui s'arquaient en tanguant comme la vague sous leurs pieds. Ébloui par cette vue, j'en avais déjà oublié tout le reste quand nous sommes entrés dans l'école, un bâtiment de deux étages qui abritait déjà une vingtaine de garçons. C'était une institution reconnue et prisée par la haute société. J'allais y côtoyer de jeunes bourgeois ; des gosses de riches, comme moi.

Le professeur, un homme mince, élégant et dans la quarantaine, portait un habit sombre et de petites lunettes rondes qui lui donnaient un air menaçant. J'eus peur en le voyant. Je le sentis très autoritaire et j'en eus d'ailleurs bientôt la certitude lorsque d'une voix dure, presque glaciale, il me désigna ma place. À mon grand bonheur toutefois, mon pupitre était adjacent à la fenêtre qui donnait sur la vie du port, où je me me perdis instantanément en rêverie. J'en soupirais d'aise quand le professeur me rappela à l'ordre et à l'écoute des règlements, une longue série d'interdictions et de restrictions auxquelles je n'étais pas certain de pouvoir me conformer. Mais la vie fait pourtant bien les choses. Malgré que j'aie pu penser que je venais d'aboutir en enfer, il n'en reste pas moins que la discipline et les exigences rigoureuses imposées par mon école m'auront ensuite servi, tout au long de ma vie.

Ce jour-là, je remarquai aussi le garçon placé à mon côté, Alfred de son prénom. Un peu plus vieux et un peu plus grand, il me donna tout d'abord la nette impression d'être un petit voyou. Alfred était un rude gaillard au langage cru, celui du peuple. Jamais il ne voulut s'arrêter aux lois qui régissent le protocole et encore moins aux convenances à respecter en public. Il n'aimait pas les « bonnes manières » et n'avait aucun goût pour la bourgeoisie, mais il en savait drôlement long sur les pirates et ses histoires m'impressionnaient vraiment. De tout mon cœur et de toute mon âme, j'enviai son indépendance, sa force de caractère et les connaissances qu'il possédait. Il jouissait d'une liberté d'expression peu commune, un état d'être qui me faisait rêver. Ai-je vraiment besoin de dire que, pendant les semaines qui suivirent et à chacune de nos périodes accordées pour le repas ou le repos, je me suis collé à lui comme une chemise trempée peut vous coller à la peau.

Après ces quelques premières semaines passées rien qu'à gober ce damné « superflu de vie », le temps des fêtes arriva. Des jours de congé dont j'avais la ferme intention de jouir pleinement et à ma manière. Heureux d'être enfin libre de gaspiller tout mon temps comme il me plairait, j'étais aussi excité parce qu'un cousin germain du côté de mon père, de la famille Pitt, arrivait de France pour l'occasion. Pierre, d'après les dires de ma mère, était également mon demi-frère aîné, ce qui était plausible en considérant les quatre ou cinq ans qui nous séparaient. Une confidence à laquelle je n'ai pas attaché la même importance que ma mère, néanmoins. Pierre était pirate jusqu'au tréfonds de son âme, nous avions quelque chose en commun et, de plus, il se montrait vraiment gentil avec moi.

Par ces innombrables et incroyables récits, il étancha ma soif d'aventure, mon engouement pour l'exploration et mes rêves de trésors perdus. Il m'entretint longuement aussi à propos des bateaux sur lesquels il avait déjà travaillé et de l'Amérique où il irait, un jour, faire fortune.

Un soir, après avoir pris un copieux repas, nous nous installâmes à la lueur d'une chandelle et il me raconta, dans le plus grand des secrets, une histoire que je ne compris pas tout de suite ; des capitaines qui complotaient avec des pirates pour le vol de marchandises couvertes par des assurances qu'ils réclamaient. Des marchandises qui étaient ensuite écoulées en Amérique, dans de petites communautés isolées qui longeaient les côtes. Ébahi par tant de savoir, je lui demandai où était ce pays fabuleux.

— De l'autre côté de l'océan, m'avait-il répondu en pointant un doigt vers l'ouest.

— Quand je serais grand, moi aussi j'irai en Amérique, comme toi ! affirmai-je alors sans pourtant être tout à fait certain de ce que pouvait impliquer une telle assertion.

— Tu n'es pas encore assez vieux, avait-il rétorqué gentiment.

Ce fut notre dernier échange à propos de la mer et des pirates avant qu'il nous quitte. Et je songeai en le regardant s'éloigner « Quel drôle de garçon ! Mais je l'aime bien, il pense comme moi. Je suis heureux de savoir que j'ai un frère. Peut être qu'un jour nous nous reverrons. »

J'avais rapporté de si bonnes notes à ma mère, qui s'en était d'ailleurs vanté, que j'en obtins ses faveurs. Mon père, homme sérieux, strict et parfois colérique, m'avait même convoqué à son bureau pour m'en féliciter. Un fait marquant et très rare, presque miraculeux. Je pus donc jouir des deux semaines qui suivirent sans être harcelé et Dieu sait combien je me suis abandonné dans les rêves les plus doux.

Quoique mon père ait été un armateur prospère, il était comptable de métier. Fier de sa profession et de sa réussite, il avait été depuis longtemps décidé que je suivrais son exemple. J'étais donc prédestiné à devenir comptable, comme lui, que cela m'ait plu ou non. Il m'amenait sur ses bateaux certes, mais au contraire de ce que je désirais le plus au monde, les conversations finissaient toujours par aboutir aux registres, aux calculs interminables et au bureau que j'allais à mon tour, un jour, occuper. Obligé au respect et à l'obéissance que l'on doit à ses parents, surveillé par ma mère comme un prisonnier dont le geôlier avait été prévenu d'une éventuelle tentative d'évasion, il me fallait accepter cette évidence même si mon cœur la rejetait. La vision que je me faisais de mon avenir était si différente que ces quelques jours de paix, accordés par une mention d'excellence, écrite par un professeur qui n'aurait probablement pas pu faire autrement de toute façon, étaient devenus le cadeau le plus précieux que je reçus.

L'hiver 1804 tirait à sa fin. Après Noël, un froid mordant s'était abattu sur toute la région en nous poussant vers l'intérieur des maisons, de peur d'être transis sur place. La populace avait été frappée par la maladie et le taux de mortalité était inquiétant. Tout le pays le traversa de peine et de misère ; le printemps était donc très attendu.

Avec l'arrivée des jolies fleurs, des oiseaux, des vêtements de coton et de l'air chaud, ma mère était doublement heureuse puisque je terminais ma première année d'école avec la même mention que celle émise auparavant. Cela nous valut d'importantes réunions d'amis qui passaient du grand salon aux jardins où ma mère se pavanait en affichant ces nouveautés. Quoique je n'arrivais pas à définir avec exactitude ce que c'était, je détestais toujours autant l'hypocrisie et la suffisance auxquelles s'adonnait la bourgeoisie. Il me faut quand même avouer que j'étais plutôt content des mentions que j'avais reçues, ma mère l'était et je savais pertinemment que je bénéficierais des retombées de son bonheur.

Tandis que je flânais près de la fontaine où j'avais jadis joué avec mes petits bateaux et que je rêvais aux jours de pêche en compagnie des miens, mes amis, mon père sortit pour venir m'y retrouver.

— Ta mère m'a rapporté tes notes scolaires. Je suis venu te féliciter, mon fils. Tu as fait du bon travail et, parce que je sais combien tu aimes les bateaux, j'ai décidé de t'amener avec moi lors de la prochaine inspection. Nous partirons trois jours...

Je n'en croyais pas mes oreilles.

Mon rêve qui se réalisait.

Enfin !

De Portsmouth, où nous habitions, au port de Plymbuth, j'allais parcourir les mers sur une distance de plus ou moins trois cents kilomètres. J'étais tellement impressionné et excité, j'avais si peur d'oublier quelque chose, que j'ai passé la nuit aux côtés de mes bagages. Incapable de dormir, je n'ai pas cessé de penser aux merveilleux moments qui m'attendaient là-bas.

Vers quatre heures, un valet vint frapper à ma porte. Je dévalai les marches de l'escalier quatre par quatre pour me rendre à la salle à manger, où le petit déjeuner et mon père m'attendaient.

Déjà installé au bout de la table, qui à elle seule réussissait à meubler entièrement la grande salle, il m'invita à m'asseoir à sa droite, auprès de lui. Ému, je m'y assis en me demandant ce qui avait bien pu changer mon père, que je me surprenais tout à coup à aimer. Lui, qui ne me parlait jamais, qui ne donnait jamais que des ordres, semblait maintenant vouloir me traiter comme son égal. Peut-être était-ce l'âge justement qui me valait désormais son respect.

À cinq heures pile, nous sommes allés retrouver le cocher pour prendre place dans la calèche qui avait été attelée, pour le voyage, au plus gros et plus fort de nos chevaux. C'était un moment miraculeux. Voir la mer dépassait déjà toutes mes espérances. Mettre le pied sur un navire et sentir la vague sous lui, c'était mettre le pied dans un conte de fées.

Dès notre arrivée sur le quai, je fus assailli par une forte odeur de poisson ; les barils d'huile. La calèche nous déposa devant une passerelle tout à fait pareille à celles que je voyais au travers de la fenêtre de mon école. Quand je la sentis tanguer sous nos pas, mon cœur se mit à battre la chamade. Nous y étions ! Le capitaine allait larguer les amarres, ce navire allait prendre le large !

J'observai les quelques marins qui détachaient des cordes et les autres qui, eux, descendaient les voiles. Presque aussitôt, j'entendis d'autres hommes qui tiraient sur des cordes attachées à des poulies. Puis ce fut le vent qui prenait tranquillement dans les voiles qu'on venait tout juste de libérer...

Je retenais mon souffle. J'étais à bord d'un navire qui quittait le port.

Mon père discutait avec le capitaine, un vieux loup de mer. D'un naturel dur et brusque dans sa façon de parler, à la voix autoritaire et forte quand il lançait des ordres aux membres de son équipage, il était pourtant très gentil lorsqu'il s'adressait à moi. Avant qu'il n'ait eu le temps de faire un signe quelconque, un garçon de treize ou quatorze ans s'approchait déjà. De toute évidence, nous étions attendus. Plus ou moins sale et mal vêtu, il me scruta d'une drôle de manière, tout comme si une permission était nécessaire pour me parler.

«Oui, mais moi... songeai-je avec une pointe d'antagonisme et d'amertume, je n'en ai pas besoin!»

Et de mon plus bel anglais, je fis le premier pas.

Un franc sourire trancha sur ses lèvres tandis qu'il me regardait.

— Venez, je vais vous montrer votre cabine, répondit-il sur un ton jovial et en français, tout comme s'il m'avait deviné.

Et j'emboîtai son pas, silencieusement, en scrutant chacun de ces gestes jusqu'à ce que nous arrivions à la cabine qui était située à l'arrière du bateau.

CHAPITRE III

C'était une petite cabine, simplement meublée. Deux cou-chettes étroites sous lesquelles se trouvaient le comparti-ment de rangement et une seule table, minuscule, qu'on aurait cru faite pour un enfant. Dès que j'y pénétrai, je fus assailli par une humeur complexe, plus ou moins définissable, semblable à celle de certains hommes ou de celle qui émane des endroits humides et renfermés ou encore celle de la moisissure en prove-nance du fond de cale que l'eau salée cherche à faire pourrir. Je n'en ai pourtant fait aucun cas, mon cœur emballé par l'excita-tion continuant de battre à tout rompre ; j'étais heureux comme je ne l'avais jamais été auparavant.

J'ai voulu placer mon linge en dessous de ma couchette dans un tiroir que mes sept ans rendaient difficile à ouvrir. Le jeune garçon, bienveillant, vint me donner un coup de main.

— Vous avez de beaux vêtements, me lança-t-il alors avec gentillesse.

Peut-être avait-il eu l'intention de me mettre à l'aise en enga-geant ainsi la conversation, mais ce fut tout à fait le contraire qui se produisit. À cet instant, j'aurais donné n'importe quoi, tout ce que je possédais et même la fortune de mon père pour être à sa place, vêtu comme un matelot et débarrassé de la terrible impres-sion qui causait ma gêne : le sentiment d'être à part.

Les marins n'étaient pas des hommes « propres », mais ils n'étaient pas sales non plus. Ils n'avaient pas à surveiller leur langage, à surveiller les convenances et leur façon de se tenir. Ils n'avaient pas à démontrer leur supériorité, à faire référence à leurs avoirs ou à étaler cette richesse capable de soutirer toutes les faveurs. Les matelots étaient des hommes libres. Je désirais leur compagnie, je les voulais pour amis, je souhaitais être l'un d'eux.

Le jeune moussaillon m'apporta un peu d'eau pour me laver. J'en profitai pour le questionner longuement à son propos, celui des bateaux et aussi de la mer.

— Jusqu'où es-tu allé? Quels pays as-tu visités? Que dois-tu faire sur le bateau? Quel âge avais-tu lorsqu'on t'a laissé embarquer?

Ma curiosité était insatiable. Une question n'attendait pas l'autre.

— En voilà tout un tas de questions! ricana-t-il. Je suis allé en Amérique, à New-York. Puis au Canada aussi, sur les côtes de Terre-Neuve...

Je buvais ses paroles avec une telle avidité que tout mon être devait transcender, par l'envie qui me rongeait.

Il entamait une histoire vécue dans un petit village côtier canadien où il avait connu la plus belle des jeunes filles quand mon père arriva. Rencontrer le jeune fils d'un armateur fortuné n'est certes vraiment pas aussi impressionnant que rencontrer l'armateur lui-même, alors le matelot se tut. Le pas déterminé de mon père intimait à la révérence. Le garçon salua alors d'un regard mal à l'aise et vira des talons pour s'en aller.

— Comment aimes-tu ton expérience, mon garçon? Es-tu content d'être ici? s'enquit-il sans jamais regarder l'autre qui déguerpissait à toute vitesse.

Nous nous sommes entretenus un instant, mais mon père y alla très vite de ses recommandations.

— Il ne faut pas trop parler avec les hommes sur le bateau. Ce sont des gens simples qui ne comprennent rien des devoirs et responsabilités qui nous incombent. Nous ne sommes pas de la même classe, mon garçon.

— Je veux juste m'instruire, Monsieur, ai-je assuré avec innocence mais savoir-faire.

Mon père dut apprécier, car il n'aborda plus le sujet.

Quand le bateau prit la mer, son roulement devint différent. Les fortes vagues le faisaient tanguer d'un mouvement régulier d'avant en arrière qui se jouait cruellement de mon estomac. J'avais envie de vomir. Le mal de mer. Incapable d'avaler quoi que ce soit, je me suis retiré dans ma cabine où j'ai fini par m'endormir.

À mon réveil, le lendemain, la mer était beaucoup plus calme et je me sentais mieux. Le moussaillon frappait à ma porte. On l'avait envoyé me chercher pour me guider jusqu'à la cuisine où on prenait le petit déjeuner. Mon père m'y attendait en compagnie du capitaine, de son second et d'un troisième officier dont je n'ai pas pu, sur le coup, retenir le nom. J'y rencontrai aussi le cuisinier, un drôle de petit bonhomme ventru et graisseux qui me coupa presque l'appétit.

On me servit quelque chose qui ressemblait à de la galette, mais dur comme de la roche. Puis une grosse fourchette aussi, si grosse que j'ai bien cru devoir la prendre à deux mains. Un autre aurait peut-être été intimidé par ces quelques premières heures éprouvantes, mais j'étais trop déterminé pour abandonner aussi facilement ma vie en mer et j'enfilai la galette à la manière des marins, c'est-à-dire d'un trait et sans rechigner.

Renforcé d'un estomac maintenant plein, je demandai la permission de me retirer. Je me levai pour quitter la table dans les règles de l'art jusqu'à la porte où je me mis à courir vers le pont. Voilà qu'était venu le temps de tout apprendre, tout découvrir, tout connaître du navire. Je brûlais d'envie à l'idée de me joindre à l'équipage, de partager leurs tâches, de vivre avec eux, à l'unisson. Le capitaine avait ordonné au moussaillon de m'accompagner, pour ne pas dire surveiller, mais tout de même. J'en jubilais, littéralement. J'avais enfin à ma portée quelqu'un qui pouvait répondre aux mille et une questions qui depuis si longtemps hantaient mon esprit.

— Comment t'appelles-tu ? commençai-je par demander.

— Pierre, me dit-il avec un petit sourire en coin tandis que je comprenais pourquoi il m'abordait dans la langue de Molière. Je viens du Havre, comme ta mère.

Deux autres plaisirs qui m'étaient soudainement rendus ; Pierre venait de me tutoyer et c'était en français qu'il l'avait fait. J'aimais ce garçon. D'un, parce qu'il me donnait le sentiment d'être son égal, et de deux, parce que j'étais content de pouvoir pratiquer cette langue que je n'utilisais plus qu'en de très rares occasions, si ce n'était à l'école, avec Alfred, et seulement lorsque nous ne voulions pas que le professeur puisse comprendre ce que nous échangions au cours de certaines conversations.

Je le questionnai au sujet des grandes voiles et du baril qui se trouvait tout en haut du grand mât, le hunier. Il m'expliqua qu'on y installait un homme ayant le devoir d'observer la mer pour voir venir au loin la terre ou d'autres bateaux, parfois moins amicaux.

— Es-tu déjà monté là-haut ? lui demandai-je, fort curieux d'en savoir davantage sur les impressions qu'on pouvait ressentir à cette hauteur.

— Oui, très souvent.

Un peu déçu par sa réponse, j'ai renchéri.

— Moi, j'aurais sûrement peur, au bout de ce mât.

— Ne t'inquiète pas... Après deux ou trois fois, on s'y habitue, au grand hunier.

J'ai dû afficher une moue incertaine parce qu'il s'est esclaffé avant de terminer.

— Allez moussaillon! Crois-moi, tu pourrais même y prendre goût!

Oui, peut-être allais-je pouvoir effectivement le faire un jour, aisément voulais-je dire. Car il n'est pas donné à un marin de refuser une tâche, encore moins sous prétexte de ne pouvoir l'accomplir.

Un moment, j'observai des hommes réparer une voile avec une aiguille de bois en forme de crochet, puis un autre qui roulait des cordes en haut du mât.

— Tu vois ce matelot? s'enquit Pierre en voyant mes yeux levés sur lui. Il faut toujours faire très attention aux cordes. Elles ne doivent jamais, jamais s'entremêler ou être laissées à la traîne sur le pont. Elles sont un réel danger pour les marins qui risqueraient de s'y accrocher les pieds... Il suffit souvent d'une seule d'entre elles pour être balayé par-dessus bord, surtout quand la mer est forte ou quand les voiles sont descendues.

Comme au rappel d'un souvenir évoqué que pour lui-même, Pierre avait terminé sa phrase dans un murmure étouffé. C'était la deuxième fois qu'on me soulevait l'importance relative aux cordes, mais le ton dans sa voix me fit comprendre qu'il ne fallait jamais l'oublier.

J'avais harcelé le pauvre garçon de questions tout au long de la traversée. J'étais infatigable, inépuisable et impossible à rassasier. Plus j'en savais et plus j'en demandais. De chacune de ses réponses émergeaient de nouvelles questions, ce qui l'avait amené à me faire visiter tout le bâtiment. De bâbord à tribord, du gaillard d'avant au gaillard d'arrière et du pont supérieur jusqu'à fond de cale, j'ai enfin su ce qu'était un navire. J'étais émerveillé. Au point de croire que jamais, au grand jamais, je ne verrais quelque chose de plus beau.

Puis nous approchâmes des côtes.

— Plymbuth! cria Pierre.

Quoique nous voguions toujours sur les eaux anglaises, à trois cent cinquante kilomètres à peine de la maison, je me sentais vraiment à l'autre bout du monde.

Le capitaine longea quelque temps le quai, puis notre navire accosta. Sur le pont, j'en profitai pour examiner la manœuvre. Impressionné à la vue des hommes mûrs, endurcis et entraînés, j'entendis de par derrière le nouvel ordre crié par le second et j'admirai, de toute mon âme, la rapidité de leur exécution. En moins de temps qu'il en aurait fallu pour répéter cet ordre, le navire était amarré. Alors je m'imaginai à la place du capitaine en réalisant tout à coup combien le savoir-faire de l'un était impératif pour la survie de l'autre. Si j'avais, moi, Jean Pitt, accosté à ce quai en ce jour, j'aurais assurément envoyé ce bateau et tout son équipage au fond.

La passerelle fut lancée et les portes déjà ouvertes de la cale invitaient au déchargement. Des hommes montèrent sur le pont y retrouver l'équipage. Aussitôt, les barils d'huile et les sacs de sel commencèrent à quitter le navire sur les épaules des débardeurs qui se suivaient à la queue leu leu sur une passerelle qui s'arquait désormais en grinçant sous leur poids et celui des ballots.

La scène, tout à fait pareille à celles que je regardais au travers de la fenêtre de ma classe, me laissa dans l'ennui. Que pouvais-je vraiment faire en ces lieux, hormis les gêner? Je décidai donc de descendre à terre, pour visiter le port et cette ville que je n'avais jamais vus. Peut-être pourrais-je y apprendre quelque chose de nouveau ou qui me serait utile le jour où, enfin adulte, j'y reviendrais.

Mon père se renfrogna à l'idée que je m'éloigne du navire et refusa de me laisser partir. Le capitaine, qui avait deviné ses craintes, vint dès lors à mon secours en proposant Pierre ainsi que deux de ses meilleurs hommes, les plus fiables aussi, pour m'accompagner. Et mon père acquiesça. De peur qu'on devine mon statut, il exigea néanmoins que j'aille me changer et je pus enfin porter des vêtements simples, tout à fait semblables à ceux des matelots.

Je rayonnais de bonheur en posant le pied sur le quai, ce jour-là. La place était littéralement bondée de marchands. On y vendait de tout, des bijoux, des tissus, du bois, de la porcelaine, de l'argenterie et du poisson, évidemment. Pour la plupart, les gens parlaient un anglais à l'accent fort cru qui me rappelait celui d'Alfred. Le langage de la populace que ma mère nommait aussi « les petites gens ».

Nous avions pratiquement traversé le port quand mon attention se porta sur un galion lourdement armé qui avait jeté l'ancre, en retrait, à l'extrémité ouest du quai. Quelque chose de lourd pesait sur lui. Fasciné, j'ai dû ralentir le pas.

— On dit que c'est un bateau pirate, lança soudainement le plus costaud des deux matelots affectés à ma surveillance. Son capitaine a très mauvaise réputation.

Je tirai Pierre par une manche.

— Que font les bateaux pirates dans les ports ?

— Les quais sont pour tous, fit-il avec un haussement d'épaules, et rien ne prouve que c'en est un.

— Eh bien ! tu peux me croire, que j'te dis, renchérit le matelot. Celui-là en est bien un et il a le mauvais œil par-dessus le marché. On raconte que la tempête ne le lâche pas d'une semelle. Bien des marins sont morts à son bord...

— Ouais ! coupa l'autre. Tu peux l'croire. Il a la poisse, ce damné navire. Et son capitaine est fou à lier.

Pierre leur jeta un œil réprobateur en me tirant près de lui.

— Ne les écoute pas ! Ils cherchent à t'apeurer...

Je jetai un court regard par-dessus mon épaule. Ils semblaient pourtant sérieux !

— Savais-tu qu'en temps de guerre, les pirates travaillent aussi pour leur pays ? continua Pierre en me gardant près de lui.

J'écarquillai les yeux d'étonnement.

À en oublier nos deux fanfarons.

— Les pirates, y savent s'y prendre pour envoyer un bateau au fond. Y a pas plus expérimenté qu'eux. Ils protègent les côtes contre l'ennemi et vont même parfois au-devant des flottes qui sont au large. Pourquoi crois-tu qu'on les tolère dans les ports ?

Je me suis senti tout retourné. Je venais de prendre conscience de quelque chose que j'avais pourtant encore beaucoup de mal à m'expliquer.

Durant les quelques heures qui ont suivi, j'ai laissé mes trois acolytes se chamailler sur ce que nous devions visiter. Je suis resté silencieux la majeure partie du temps, y compris au musée où nous avons défilé devant de superbes toiles qui montraient des galions se bataillant contre la tempête ou contre les pirates. Même sur le chemin du retour, quand nous sommes passés devant les tavernes où se tenaient des femmes aux allures débraillées et vulgaires, je gardé le silence. Pierre avait pressé le pas en me tenant tout contre lui tandis que les matelots s'arrêtaient de temps en temps pour en saluer une et saluer l'autre. J'ai tout vu, mais sans vraiment m'y attarder. Mon attention restait fixée sur mes pensées : les pirates étaient aussi des amis de leur patrie.

Un coin de rue plus loin, le moussaillon me tira pour me pousser de l'avant et me faire prendre à ma gauche. À quelques centaines de mètres au bout des bâtiments, je vis la brèche dans la ville qui s'ouvrait sur le port.

Nous étions rentrés.

Je n'arrêtai pas de ressasser tout ce que j'avais entendu dire à propos des pirates, cet incroyable paradoxe. Et tout ce que j'arrivai à en comprendre fut qu'ils évoquaient la crainte, mais qu'ils forçaient également l'admiration.

Plus de doute là-dessus.

À mon arrivée sur le quai, dès que je fus à portée de voix, mon père, qui m'attendait, m'ordonna de me changer sur-le-champ.

Ce que je fis.

À mon retour sur le pont, je le vis en compagnie de deux hommes, des marchands, et de par leurs vêtements, bien nantis eux aussi.

Je m'en approchai.

— Ah! Te voilà, mon garçon!

Les deux hommes se retournèrent.

— Laissez-moi vous présenter mon fils, Jean. J'en suis très fier...

Ses paroles me touchèrent profondément. À cet instant, j'étais fier de mon père, moi aussi.

— Magnifique jeune homme! lança un des marchands.

— Tout à fait, acquiesça l'autre.

— Et sur la bonne voie, renchérit mon père. Jean est mon aîné, c'est lui qui me succédera...

Et vlan!

D'un seul coup, mon cœur passa de bâbord à tribord et tout mon monde s'écroula.

Au grand jamais, je n'avais souhaité lui succéder, jamais je n'avais désiré devenir comptable. D'innombrables jeunes garçons auraient peut-être envié ce futur, c'est tout à fait probable. Mais moi, la bourgeoisie et la richesse me laissaient froid.

Je voyais bien maintenant combien j'étais dévoré par l'esprit d'aventure. Finir encadré derrière un bureau était aux antipodes de mon plus profond désir. Non seulement je rêvais de quitter l'Angleterre, mais tout mon être se languissait des ailleurs, des grands espaces et de la mer.

Sans vraiment les entendre, encore moins les écouter, je scrutai un moment les trois hommes qui se tenaient à quelques mètres de la passerelle devant une foule de passants qui n'avaient d'yeux que pour l'aisance et le pouvoir qu'ils représentaient.

Tout mon être gronda de l'intérieur.

Et je m'en fis le serment : rien ni personne n'allait me détourner de mon avenir.

CHAPITRE IV

Il n'était pas cinq heures lorsque le navire leva l'ancre, m'a-t-on dit. Je dormais encore. Le clapotis de l'eau sur la coque, la houle qui fait tanguer les couchettes, l'odeur du poisson et même le va-et-vient sur le pont ne me dérangeaient plus ; j'avais maintenant le pied marin.

J'avais beaucoup réfléchi à propos de mon père, la veille. Mis à part notre différend quant à mon devenir, j'avais le sentiment d'avoir réussi à renouer avec lui. Ce voyage en mer m'avait appris à le voir sous un jour nouveau. Plus respectueux et attentif, son comportement laissait désormais espérer de meilleurs rapports entre nous. Somme toute, le voyage avait été agréable et j'en étais fort heureux.

De retour à Portsmouth, je m'empressai de raconter mes aventures à ma mère qui m'écouta un moment en grimaçant de dégoût. J'ai donc dû très vite plier à cette autre exigence et prendre un bain. Mon père l'avait à peine saluée avant de suivre les aides de chambre qui montaient déjà les baquets d'eau chaude. En maîtresse de maison parfaite et avisée, ma mère voyait à tout.

Puis la vie reprit son cours et je passai le reste de l'été en compagnie du jardinier, un bon vivant qui m'enseigna tout de la pêche et de son métier. Avec lui, j'appris entre autres à différencier les champignons vénéneux des champignons comestibles, mais fait bien plus intéressant encore, je sus comment la Marine royale anglaise avait pu enrayer le scorbut et sauver ses hommes à l'aide de citrons.

L'automne frappa bientôt à nos portes et la cloche de l'école sonna la rentrée. J'y retrouvai notre professeur, cet homme dans la quarantaine, vêtu d'un habit sombre derrière ses lunettes rondes qui ne m'impressionnaient plus comme avant. Assis au même pupitre que l'année précédente, Alfred aussi m'y attendait.

Je lui parlai de toutes mes découvertes, et lui, des siennes. Il me détailla son voyage à Londres, une ville gigantesque qui fourmillait de gens où son père traitait des affaires. Il me décrivit la taille de leurs usines et l'ampleur du commerce que gérait sa famille, un héritage qui lui revenait de droit. Alfred était l'aîné et son père tout comme le mien avait abordé le sujet de la succession. Séduit par le pouvoir qu'octroyait la richesse, Alfred parlait déjà des changements qu'il allait apporter à l'avenir.

Si j'avais rêvé de naviguer avec lui, mes espoirs étaient anéantis.

Et trois années s'étaient ensuite égrenées sans que je puisse remettre le pied sur un bateau. Puis par un beau matin, allez comprendre pourquoi, ma mère me fit part de sa toute dernière décision : des leçons de musique. Était-ce à cause de mes dix ans, que j'assumais de plus en plus sérieusement, ou à cause de la manière dont Alfred avait finalement renié ses désirs d'autrefois, je n'en sais rien, mais je me suis surpris à me soulever contre cette nouvelle tentative de ma mère qui semblait avoir voué sa vie à interner la mienne dans ce monde que je n'aimais pas.

Encore une fois, de cette calamité, les mentions d'excellence émises par mon professeur me sauvèrent ; mon père était venu à ma rescousse.

— Ne t'emporte pas, mon garçon. Dis-moi plutôt ce qui te plairait.

De peur de perdre cette unique chance, j'agrippai la première chose qui me vint à l'esprit.

— L'escrime !

Un sourire malicieux et complice égaya aussitôt son visage.

— Bien, fit-il...

Ma mère sembla vouloir dire quelque chose, mais se ravisa.

— Il en sera donc ainsi, venait de trancher son mari dont les yeux étaient foudroyants.

Moins d'une semaine et déjà j'entamais ma première leçon. Quelques jours plus tard, pour contrecarrer ma mère qui préparait de nouveaux projets qu'elle refusait de nous dévoiler, je demandai à mon père s'il était possible d'augmenter la fréquence de mes séances d'entraînement. Visiblement content et satisfait de mes performances, il y consentit et le maître d'armes passa de deux à trois visites, un rythme que je m'efforçai de conserver pendant plus de deux ans.

J'aimais l'escrime. Elle me donnait l'impression de reprendre en main tout mon avenir et son destin. J'y mettais vraiment tout mon cœur et lorsque, le soir venu, je plongeais dans mes rêves, j'y croisais alors le fer avec de vilains corsaires, je sauvais les belles de leur détresse et j'entassais les trésors fabuleux repris aux mains des pirates que je venais tout juste de faire prisonniers...

Je venais d'avoir douze ans et de nouveaux éléments s'étaient depuis peu rajoutés à ma vie : la révolte et l'amour.

CHAPITRE V

En rentrant de l'école, trois copains et moi avions décidé de passer par d'anciennes ruelles délabrées des quartiers mal famés de la ville, les vieux faubourgs de Portsmouth. J'étais l'instigateur de cette fugue. De nous quatre, j'étais le plus téméraire et le plus curieux. Malheureusement, j'avais si mal planifié notre escapade qu'elle ne put finir qu'en catastrophe.

Dès que nous avons pénétré ce quadrilatère, évité comme la peste par les gens bien nantis de la société anglaise, nous fûmes remarqués par un groupe de jeunes voyous. Notre désavantage sautait aux yeux. Nous nous trouvions en terrain inconnu et nos tenues vestimentaires confirmaient non seulement l'aisance à laquelle nous étions habitués, mais également notre manque d'expérience au combat.

Ils attaquèrent avec une telle véhémence que mes amis prirent la poudre d'escampette et je me suis tout bêtement trouvé coincé entre un mur et la bande qui venait de nous tomber dessus. À six contre un, je n'ai eu aucune chance et j'ai écopé de la plus belle raclée de ma vie.

Par miracle, deux marins passèrent par là. J'étais déjà en sang quand ils s'en mêlèrent. À leur tour, les six garnements n'étaient pas de taille contre des hommes mûrs et endurcis par la vie de matelot. Quelques taloches, quelques coups de pieds et je les ai vu fuir, les jambes à leur cou.

Et le vent tourna tandis que le silence reprenait sa place ; j'étais débarrassé de mes agresseurs.

Les deux hommes s'approchèrent.

J'étais tellement sonné que je n'ai pas réagi.

— C'est l'fils Pitt, clama un à l'intention de l'autre.

Quoique la voix me parût familière, mon esprit était trop embrumé pour que je puisse faire un quelconque rapport.

— Comment tu sais? demanda son compagnon.

— J'ai travaillé sur les bateaux de l'armateur, répondit le premier type en m'agrippant d'une poigne ferme par le collet.

Le bras puissant qui me leva me donna l'impression d'être aussi léger qu'une plume. Je n'ai jamais eu le temps de sentir quoi que ce soit que j'étais déjà sur mes pieds. Je titubais certes, mais j'étais debout.

— Ça va p'tit? s'enquit la voix qui ne m'était pas inconnue.

— Oui, je crois, ai-je distraitement répondu en frottant mes yeux pour enlever le mélange de sang et de poussière qui séchait dessus.

Puis je levai la tête.

J'ai tout de suite reconnu Bill Bon'Œil, de son surnom, le plus costaud des deux gaillards qui m'avaient servi de guide avec Pierre quatre ans plus tôt.

— Mais qu'est-ce que tu peux bien foutre ici, moussaillon? Tu courais après ta mort?

J'ai bien senti le ton de reproche dans son questionnement, mais je n'ai pas répliqué parce que je savais qu'il n'avait pas tout à fait tort.

Mais comme si ce n'en était pas encore assez, l'autre aussi a renchéri :

— Y a raison, t'sais, p'tit gars. C'est pas, comme qu'on dirait, un coin fréquentable pour la Haute. T'aurais pu te faire tuer. Y a b'en d'aut' chose qui traîne dans les parages et que tu veux pas rencontrer. T'es drôlement chanceux d'êt' juste tombé sur des sales mômes.

— Chanceux? murmurai-je pour moi-même. Attendez que mon père l'apprenne!

Après le départ des deux matelots qui m'avaient raccompagné, mon père hurla littéralement sa colère. Tout d'abord contre moi, il va de soi, mais bientôt aussi contre ces pauvres gens. Lorsqu'il menaça d'envoyer la garde, j'imaginai qu'il allait les faire pendre haut et court.

Je me révoltai.

— Non, père! C'est ma faute, pas la leur. J'aurais dû me changer avant de m'aventurer là-bas. Tout ce qu'ils ont vu est la richesse qui leur manquait. Ces gens sont affamés, ils vivent dans la misère. Ils ont besoin d'aide, pas de châtiment. C'est moi et moi seul qui ai fait mon malheur.

Malgré son courroux, tout au long de son discours, j'ai gardé la tête et les épaules fermement droites. En ce jour, j'avais affronté beaucoup de choses et je crois que c'est mon attitude qui m'aura valu d'être gracié.

Tout compte fait, je m'en suis bien sorti. Cette histoire m'aura coûté un œil au beurre noir, une lèvre fendue, quelques courbatures, des vêtements et vingt shillings, l'argent de poche que les voyous m'ont extorqué. Mais je n'ai pas été puni et mon père ne fit pas appel à la garde. Par quel miracle encore s'était-il radouci, je ne le saurai probablement jamais.

Quelque temps plus tard, j'appris aussi quelque chose à quoi je ne m'étais pas attendu et qui m'a rendu particulièrement heureux : mon père avait fait rappeler Bill Bon'Œil à bord de ses navires. On lui avait confié un poste de sous-officier.

CHAPITRE VI

Cette année-là, j'avais aussi terminé mes études primaires. Dès lors, mon père m'inscrivit dans un collège où je pouvais apprendre la navigation et la comptabilité.

Ses attentes me rendaient de plus en plus malheureux. Plus il me voyait derrière son bureau à traiter les comptes, les inventaires, les marchandises et la gestion des navires, plus j'étouffais. Et plus les jours passaient, plus ma soif de liberté devenait difficile à étancher. J'y pensais constamment, j'en rêvais la nuit, j'en faisais même des cauchemars. J'avais besoin de quelque chose, comme on a besoin de l'air qu'on respire, et quoique je n'arrivais pas tout à fait à définir ce que c'était, je savais que je ne le trouverais pas dans son bureau.

Nos rapports devenaient de plus en plus orageux. Un jour, après une engueulade, j'ai frappé mon cheval qui a pris le mord aux dents. Mais quelle idiotie! J'en voulais à mon père, j'ai blessé l'animal, il m'a fait tomber et je me suis fait mal à mon tour. C'était une grave erreur à ne plus commettre, je le réalisai. Par la suite, je l'ai donc toujours affronté, lui, et nos prises de bec se succédèrent jusqu'à en atteindre leur point culminant; par un beau soir, pris de colère, il me fouetta.

Son geste avait dépassé tout entendement. J'étais bouillonnant de rage. Je suis resté silencieux, mais je l'ai foudroyé du regard. Il dut comprendre la menace, car il avait baissé les bras.

Les vacances terminées, je suis rentré au collège. Alfred n'était plus là, il travaillait désormais pour un des plus riches armateurs de la région ; mon père.

Dieu soit loué, le collège aussi se trouvait à proximité du port. Je me perdais donc souvent à contempler le va-et-vient sur les quais, les navires qu'on chargeait, les autres qui levaient l'ancre ou la mer et son horizon. Comme toujours, j'étais encore accoudé à mon bureau ce matin-là.

— Celui-là, c'est un bateau pirate, me dit mon voisin. De la Jamaïque...

Il semblait attendre une réponse, qui ne vint pas.

— Vois-tu ces hommes ? continua-t-il. Ils transportent des barils de poudre et de rhum. Ces types sont toujours en fête, ils ont les femmes à leurs pieds et tout le plaisir avec ça !

« Quelle vie de rêve ! » avais-je songé sans rien dire.

Découvrir de nouvelles terres, naviguer sur des eaux inconnues... être seul maître à bord. Ne plus être enchaîné, ne plus être soumis, fuir cette vie d'esclavage où j'étais destiné à moisir dans un bureau.

Je décidai d'en finir le plus rapidement possible avec les matières ennuyeuses pour ne plonger que dans la navigation. Lire les cartes et la boussole, apprendre la manœuvre, les vents, la voile et le langage du marin, voilà ce qui m'intéressait.

Pendant ce temps, j'ai laissé mon père avec ses espoirs. J'avais treize ans, il ne me restait plus qu'une année. Bientôt, on m'enverrait sur un bateau.

Avec l'automne est revenu le sentier de l'école. J'étais encore perdu dans mes pensées quand Robert, un bon ami maintenant, pointa son doigt sur la fenêtre.

— Regarde ! Le bateau pirate de l'an passé, tu te rappelles ? Il est revenu.

Le professeur s'approcha en catimini et me surprit avec un violent coup de baguette sur les doigts. En bondissant hors de ma chaise, mon poing est parti et le pauvre hère le reçut en plein visage. Ses lunettes volèrent en éclats tandis qu'il s'effondrait et que je restais là, éberlué que j'étais par ma propre réaction. Je venais de fêter mes quatorze ans. J'étais un homme, grand et fort pour mon âge.

Je quittai l'école pour aller me perdre dans la foule qui déambulait sur les rues du faubourg adjacent au port. Que venais-je donc de faire? Plus je réfléchissais et plus l'étau se resserrait tout autour. Mon geste me vaudrait non seulement le courroux de mon père, mais aussi, ce dont j'avais le plus peur, l'anéantissement de tous mes projets d'avenir.

Lorsque j'ai posé le pied sur le seuil de la maison paternelle, ma mère était en pleurs. Mon père m'attendait, fouet à la main. Au premier coup, je l'attrapai en lui serrant les bras, ce qui le fit hurler.

— Tu vas t'engager dans la Marine anglaise, sur-le-champ! Ils te dompteront, crois-moi!

Je restai stoïque. Je n'en croyais pas mes oreilles. Je le regardais, ahuri. Alors qu'il croyait m'infliger la plus terrible des punitions, mon père réalisait enfin mon rêve. J'allais m'engager en tant qu'apprenti dans la marine et, comme il venait si bien de dire, faire un homme de moi!

CHAPITRE VII

Malgré mon bonheur, j'étais tracassé et troublé par ce changement. Mon père avait des relations influentes dans la marine, je craignais qu'il s'en serve pour me mener la vie dure. Quelles que soient ses motivations, son intention était visiblement de me briser ou, tout au moins, de briser cette force de caractère qui était mienne. Henry Pitt n'admettait pas qu'on lui tienne tête, jamais il n'avait essuyé un refus.

Le matin de mon départ, ma mère pleurait à chaudes larmes. C'était la première fois que je la voyais ainsi. Sans l'air hautain qui la durcissait, c'était une très belle femme. Mon père, lui, s'était enfermé dans son bureau. Il ne m'avait plus adressé la parole depuis le jour où je lui avais interdit le fouet. J'avais le cœur triste à l'idée qu'on puisse se séparer ainsi, mais j'ai gardé ce sentiment.

J'ai quitté la maison pour la Marine anglaise où j'étais attendu, il va de soi. Des officiers me bombardèrent de questions, on aurait dit un interrogatoire. J'ai naïvement cru que ma santé et mon éducation allaient me valoir un poste intéressant, de sous-officier peut-être, et j'ai signé pour cinq ans. Aussitôt, je fus posté comme apprenti sur un navire de guerre. À l'embarquement, on me donna une cuillère et un hamac. La vie d'aventures, dont je rêvais depuis le jour où je faisais couler mes petits bateaux de papier dans la fontaine qui ornait les jardins de notre domaine, venait de commencer.

Nous étions trois jeunes moussaillons. Tout d'abord, on nous instruisit sur les ordres et règlements qu'il nous fallait suivre, puis on nous remit, à chacun, une brosse et un sceau d'eau. Mon tout premier travail fut d'astiquer le pont. Quatre heures à genoux à frotter avant de pouvoir nous reposer quelques minutes et puis le pont encore, un autre quatre heures durant.

Il était bien vingt heures lorsque nous l'avons terminé. J'étais tellement épuisé que j'ai sauté le souper. Je me suis laissé choir dans mon hamac en m'enfonçant dans un profond sommeil, un sommeil sans rêves, celui du loir.

Au petit matin, cinq heures pile, tout le monde sur le pont était au boulot y compris nous, les trois moussaillons qui devions encore frotter trois heures avant de recevoir notre première ration ; un simple bol de gruau.

Pas le temps de rechigner, car nous devions être en classe où nous devions tout apprendre d'un bateau. On nous a défini les différentes parties d'un navire, puis j'appris à nouer les cordes et à les attacher, à manipuler la poudre et à armer les canons et bien d'autres choses encore qui nous laissaient dans le cirage le soir venu. On nous menait à la dure, pas de doute là-dessus.

C'était un navire de quatre cents hommes. Les journées étaient longues et difficiles. On arrivait à peine à se rendre jusqu'au bout. Un officier, à qui je ne plaisais vraisemblablement pas, passait de longs moments à me scruter. Le sourire qui transcendait parfois aux commissures de ses lèvres me fit bientôt penser qu'il avait été payé par mon père pour s'occuper personnellement de moi. Que cela ait été vrai ou pas importait peu. Il éprouvait un malin plaisir à m'en faire baver.

Après deux mois à alterner entre le pont et les classes, on a fini par m'engager dans une toute autre leçon ; le tir au mousquet. Au cours de ces quelques semaines, le satané officier qui m'avait pris en grippe avait aussi commencé à me tourmenter. J'ai cru bon d'en avertir le commandant en chef, qui ne m'a d'ailleurs jamais répondu. Mais plutôt que d'aider ma cause, ma démarche m'avait attiré encore plus de mépris. Il l'affichait maintenant au grand jour.

Puis en croisant le fer, dans une pratique journalière, il s'est tout à coup ouvertement engagé dans un duel contre moi. Les deux années passées sous la tutelle de mon maître d'armes ainsi que les quelques derniers mois à m'endurcir sur le pont, combinés à mon jeune âge, me permirent de le vaincre facilement. Par trois fois, devant tous, il a dû rendre les armes. Une gifle qu'il n'était pas près d'oublier. Lorsqu'il a viré les talons pour se retirer, j'ai senti que j'étais loin d'en avoir terminé avec lui.

Puis un beau matin, nous prîmes la mer. Le bateau avait déjà largué les amarres lorsque nous fûmes informés de sa destination. Une bataille navale se préparait et le *Belle-Isle*, armé de ses soixante-quatorze canons, avait été dépêché au détroit de Gibraltar où nous allions, en cet an de grâce 1812, attaquer les Français.

Les marins n'étaient pas tous des hommes enrôlés par vocation. Beaucoup d'entre eux s'étaient engagés dans la marine pour fuir une vie misérable ou l'emprisonnement, ou encore, la potence. Et lorsqu'ils embarquaient, tout comme une maladie contagieuse, ils propageaient leurs croyances et leurs superstitions en les mariant à celles de l'équipage tout entier. Les histoires allaient donc bon train entre les moments de grands et longs silences qui nous donnaient froid dans le dos. Seuls les plus jeunes exaltaient encore à l'idée de prendre part à une bataille. Mon imagination débordait déjà de mille et un scénarios.

En pénétrant le détroit, nous eûmes à peine le temps de voir les navires, déjà en position de combat, qu'on m'assigna à l'approvisionnement de la poudre à canon. De part et d'autre, l'ordre allait bientôt être lancé.

Les canons tirèrent une première salve dans un bruit infernal qui creva les tympans. Je courais à m'en fendre le cœur des ponts à la cale et de la cale aux ponts pour amener la poudre aux canons tandis que leurs boulets traversaient notre coque en faisant tout voler en éclats, hommes, bois et canons. Autour de nous, la souffrance et la mort criaient à tue-tête sans qu'on ait le temps de porter secours et, juste au-dessus, la grande voile en feu nous rappelait l'enfer et la damnation qui nous attendaient.

Pour la première fois de ma vie, j'ai su ce qu'était la peur. La majeure partie du pont supérieur flambait et le feu gagnait le reste du navire trop rapidement pour ne pas penser à la poudrière. Un court instant, l'idée de mourir traversa mon esprit ; mourir comme ça, stupidement, à quinze ans et sans avoir quitté l'Angleterre. Autour de moi, je voyais des hommes léchés par les flammes se jeter par-dessus bord. D'autres, qui se traînaient lamentablement, agonisaient dans ce que je sentais être d'atroces douleurs. Je le côtoyais maintenant, j'en étais certain, cet enfer auquel les hommes avaient fait allusion.

Un boulet frappa le grand mât qui se brisa en tombant dans un bruit infernal et assourdissant. Dieu merci, j'avais entamé ma course vers le fond de cale d'où je devais ramener la poudre sur laquelle nos canonniers misaient désormais nos vies. Le mât me frôla au passage, mais sans me blesser. En le voyant fracasser le crâne de deux de nos compagnons, je réalisai que mon heure n'avait pas encore sonné.

Dans la cale, la fumée était si dense qu'il m'aurait presque fallu la tailler au couteau. L'air était irrespirable, on n'y voyait rien non plus. Des gémissements et des cris de marins blessés ou agonisants frappaient sur la coque en un écho fantomatique apeurant. Je ne pouvais pourtant pas m'arrêter, si je voulais sauver la vie à ce qui restait de vivant sur ce navire ; il fallait livrer la poudre pour les canons.

Une éternité, me sembla-t-il, s'était écoulée avant que le massacre ne cesse. Nous avions gagné la bataille, nous avions survécu. Un bonheur qui ne m'a pourtant pas envahi. L'ennemi était peut-être réellement fou, peut-être fallait-il vraiment l'arrêter, mais en comptant les morts, le prix à payer pour cette victoire m'apparut démentiellement démesuré. J'avais rêvé de pirates certes, de l'abordage de leurs navires lors de combats, de trésors à récupérer et de belles demoiselles à sauver des mains de capitaines sans scrupules, mais jamais je n'avais imaginé une telle horreur.

Les rescapés devaient maintenant porter secours aux autres. J'ai dû panser des plaies, amputer des jambes et des bras et préparer des morts. Un des moussaillons, embarqué avec moi, avait péri au bout de son sang. Je regardais son visage étonnamment blanc, ses yeux fixes et sans vie quand l'officier qui s'était juré ma perte m'approcha.

— Tu peux t'estimer heureux de t'en être sorti indemne... cette fois.

Un million de sous-entendus planaient dans les deux derniers mots. Il faisait terriblement chaud sur le pont, j'étais en sueur et, pourtant, transi par le froid.

Un garçon, à bord depuis beaucoup plus longtemps, vint me prêter main-forte pour soulever le cadavre.

— Il te déteste parce que ta famille est bien nantie et que ton éducation dépasse largement la sienne...

— Et comment sais-tu cela ?

— On n'a rien qu'à t'entendre parler pour comprendre...

Nous déposâmes le mort sur la pile déjà amassée près du gaillard d'avant.

— Y a juste les gosses de riches qui peuvent tenir un tel langage.

J'aurais été poignardé dans le dos que je n'aurais pas eu plus mal. Là où l'éducation était un atout, elle était capable de devenir nuisance ailleurs.

L'officier évita ma présence lors de la cérémonie où nous avions confié nos morts à la mer. Il en fut de même tout au long de notre retour. Le second avait donné des ordres stricts et affecté la majeure partie des hommes à diverses tâches de réparation. Nous devions colmater le navire si nous voulions le ramener à bon port. J'ai donc pris mon mal en patience et décidé qu'il valait mieux attendre l'Angleterre pour l'aborder et clarifier cet étrange différend. J'étais moussaillon, mais en bonne voie de devenir matelot et je ne voulais pas qu'on puisse penser que j'avais pu souhaiter un quelconque traitement de faveur.

Lorsque le navire fut sécurisé, une permission fut accordée à l'équipage. On ouvrit un tonneau de rhum qu'on distribua aux quarts qui n'étaient pas de garde et les matelots, à tour de rôle, purent enfin fêter. J'en étais à ma première expérience avec l'alcool et ce fut ma dernière, c'est moi qui vous le dis. Après trois verres, je fus malade comme un chien. Le mal de mer n'était rien comparé à cela. Un autre aspect de la vie des matelots qui ne m'a pas plu. Mais vraiment pas du tout. Je n'y ai jamais retouché par la suite. Ni au rhum, ni à la bière, ni à rien d'autre.

Je ne suis pas retourné voir ma famille, mais j'ai écrit à ma mère pour la rassurer. Je lui ai dit que tout allait bien, que je l'aimais beaucoup et que j'étais très heureux d'être sur un bateau. Je ne voulais surtout pas qu'elle se fasse de soucis pour moi.

Après trois semaines à quai, le bateau avait pratiquement été remis à neuf et nous pûmes prendre le large. À peine avions-nous largué les amarres que l'officier avec qui j'avais maille à partir et que je n'ai jamais pu rencontrer pour clarifier ce différend qui nous séparait, m'annonça à sa manière qu'il avait été promu et qu'il était devenu mon supérieur.

— Tu vas travailler dur, m'a-t-il craché au visage.

Et il tint parole.

À partir de ce jour, je fus affecté aux tâches les plus dures, les plus pénibles, les plus repoussantes, les plus répugnantes aussi. J'ai brossé tous les ponts à genoux, suis monté aux mâts pour attacher les voiles, surtout par temps d'orage ou de glace, ai nettoyé les cuisines de sa moisissure et le fond de cale où l'air se raréfie. J'ai souffert d'innombrables courbatures et engelures, mais par-dessus tout, d'épuisement.

Ce type en voulait vraiment à ma peau.

Par un après-midi sous un soleil de plomb, tandis que je brossais seul le pont supérieur, il passa près de mon baquet, qu'il renversa d'un coup de pied assuré.

— Ramasse ça ! ordonna-t-il sèchement.

— Faites-le vous-même, ai-je répondu sur le même ton.

Ça m'a valu deux jours au cachot, au pain sec et à l'eau.

Cela peut sembler ironique, mais ces deux jours ont été bénis par le repos. J'ai dormi tout mon soûl.

Je détestais cet officier. Je ne comprenais pas ce qui motivait sa folie. Je ne pouvais pas refuser un ordre, sous peine d'être accusé de mutinerie, pas plus que je ne pouvais quitter la marine, ce qui aurait fait de moi un déserteur. Il fallait pourtant que je trouve quelque chose si je voulais survivre aux quatre années de service restantes qui me libéreraient de mon engagement.

Mes nuits agitées étaient peuplées de cauchemars. La colère grondait en mon for intérieur comme elle avait éclaté avec mon père autrefois. Les journées devenaient de plus en plus pénibles et j'avais de plus en plus de mal à me contenir.

Un jour où j'étais encore une fois affecté au brossage du pont supérieur, l'officier s'est arrêté pour hurler des injures comme je n'en avais jamais entendu auparavant. Et je ne tins plus.

Je me suis levé et je l'ai carrément poussé. La puissance de mon geste le propulsa littéralement en arrière. Il perdit l'équilibre et s'étala de tout son long devant les hommes, stoïques, qui nous regardaient sans dire mot. On m'a mis les fers, puis en guise d'avertissement, attaché au grand mât jusqu'au lendemain où je fus condamné à cinq coups de fouet.

Les hommes furent appelés sur le pont. Un linge dans la bouche pour étouffer mes cris, on lança le premier coup. Le cuir pénétra ma chair avec une vive sensation de brûlure qui me laissa sous le choc. Le deuxième déclencha une douleur si intense que je fus emporté par une sorte de tourbillon. Le troisième, quant à lui, m'acheva et j'en pliai les genoux.

Drôlement, je n'ai pas senti les deux derniers, mais j'ai bien cru que l'heure de ma mort venait de sonner ; j'allais être assassiné sur ce pont, devant des centaines d'hommes au garde-à-vous, par un capitaine devenu complètement fou.

Il est probable que j'aie perdu connaissance à un moment ou à un autre, mais je n'en ai pas gardé souvenance. Par contre, je me souviens bien du toubib.

— Ce genre de châtiment a pourtant été condamné par la Marine royale... On devrait fusiller ce genre d'officier... rageait-il en pansant mes plaies.

Des remarques auxquelles je me suis abstenu de répondre, il va sans dire. Ce n'était pas le temps d'aggraver mon cas.

J'ai dû mettre un bon trois jours avant de reprendre mon poste. Trois longs jours où j'ai eu le temps de mûrir mille façons de me venger.

Et ce qui devait arriver arriva.

Plusieurs semaines après cet incident, un soir, j'ai dû prendre le quart de garde. J'étais seul sous la poupe quand je le vis se diriger vers moi. À l'idée de pouvoir enfin lui dire ma façon de penser, mon cœur se mit à battre la chamade.

Peut-être croyait-il avoir réussi à me briser, je n'en sais rien. Mais il s'est présenté, le sourire aux lèvres, à portée de main. Sans réfléchir, je me suis moi-même surpris en décochant un coup de poing qu'il reçut en pleine figure et j'entendis la mâchoire craquer vicieusement avant qu'il ne tombe sur le dos.

Puis je restai là un moment, planté devant lui.

La peur de l'avoir tué me ramena tout à coup à la réalité. Je ne savais pas s'il était mort ou juste inconscient, mais les circonstances étaient beaucoup trop accablantes pour que j'attende qu'on me trouve, ici, avec lui. Ce coup de poing venait de signer mon arrêt de mort, j'allais être fusillé ou pendu haut et court. L'enjeu était tout à coup devenu simple ; sa vie ou la mienne.

Je suis descendu par un câble des amarres et je me suis jeté à la mer où j'ai nagé un mille durant pour m'éloigner du *Belle-Isle* sur lequel l'alerte sonna. J'entendais encore les cris dans le lointain lorsque je me suis arrêté pour reprendre mon souffle. Bientôt, la marine toute entière serait à ma recherche, ce n'était plus qu'une question de temps pour qu'on me mette le grappin dessus. Il me fallait quitter le pays.

Transi de froid et de peur, après une nuit passée dans les eaux glacées à me terrer entre la coque des bateaux et le quai, je me rappelai le navire de mon père et... son capitaine ! Si je pouvais me hisser à bord, peut-être allait-il pouvoir m'aider.

Toujours à la faveur de la nuit, je suis monté sur le quai et j'ai marché jusqu'au petit matin. Sous les rayons d'un soleil naissant, j'ai enfin aperçu le navire. De toute évidence, il se préparait à appareiller. J'avais de la chance, j'étais arrivé à temps.

Je montai à bord et demandai au premier matelot de bien
vouloir me conduire au capitaine. Mes vêtements fripés et sales
ont dû lui donner à penser que j'étais un vagabond, car il me
poussa vers la passerelle en rouspétant. J'étais désespéré, mais
je ne voulais pas attirer l'attention. Je me suis donc laissé faire.

J'avais baissé le regard et viré les talons quand j'entendis un
cri par derrière.

— Attendez !

Et j'ai vu... Pierre !

Nous sommes tous deux restés cois, face à face, sans dire
mot.

Au bout d'un moment néanmoins, il finit par se reprendre.

— Amenez-moi un baquet d'eau chaude ! ordonna-t-il à
l'intention des deux hommes encore sur le pont.

Après s'être assuré qu'ils viraient de bord pour exécuter son
ordre, il me fit signe.

— Suis-moi !

Il occupait la cabine du capitaine ; j'en étais estomaqué. Pierre
n'avait pas vingt-cinq ans.

Il désigna une chaise où je me laissai choir. J'étais épuisé,
affamé, torturé par les pensées les plus sombres.

Puis à la manière du toubib qui s'apprêterait à crever un
abcès, sans aucun ménagement il lança :

— Des rumeurs courent selon lesquelles la Marine royale
anglaise serait à la recherche d'un mutin...

La pause permettait un instant de réflexion durant laquelle
il nous servit chacun une tasse de thé fumant. En abordant le
sujet aussi directement, il me faisait comprendre qu'il savait
pourquoi j'étais là. Si j'avais eu l'intention de lui mentir, désormais je ne pouvais plus.

— Ils n'ont pas perdu de temps ! répliquai-je avec
amertume.

Un sourire malicieux trancha sur son visage.

Le marin cogna, puis entra avec le baquet d'eau.

Pierre s'en saisit, l'en remercia et referma aussitôt derrière lui.

— Si tu me racontais maintenant ce qui s'est passé sur ce navire ?

Ce que je fis.

Pierre était un homme mature pour son âge, il en avait vu d'autres. Il écouta mon récit avec attention, sans m'interrompre, jusqu'au bout, mais en soupirant.

— Dans deux jours, nous levons l'ancre, dit-il ensuite, pour l'Amérique du Nord, la Baie-des-Chaleurs. Ton père envoie une cargaison de barres de fer et de cuivre pour un chantier naval du Nouveau-Brunswick. Avec un peu de chance, nous aurons mis les voiles avant que la marine ne vienne fouiller les environs...

Mes épaules s'affaissèrent. Jamais je n'avais ressenti un tel soulagement.

CHAPITRE VIII

Je suis resté terré dans une cabine deux jours durant. J'étais tellement épuisé que je me suis effondré. Puis nous avons levé l'ancre, comme prévu, avant l'arrivée de la marine. Dieu soit loué ! J'étais sauvé !

Je voguais vers les Amériques où j'allais bientôt pouvoir mener une vie nouvelle et tranquille. Du même coup, je me rappelai cette pulsion qui me poussait à la recherche d'un idéal, le mien, même si je n'arrivais toujours pas à vraiment le définir. Quoique je ne connaissais pas exactement ce but ultime qui motivait ma quête, je savais néanmoins ce que je refusais : être enchaîné.

Au large, j'ai quitté mon repaire pour me promener sur le pont. Quelques marins ont sourcillé en me voyant à bord, mais personne n'osa dire un mot.

Nous avons navigué sur une mer relativement calme, ce qui nous permit, à Pierre et moi, de refaire connaissance. J'appris aussi que Bill Bon'Œil — de son surnom, toujours — avait effectivement été promu second sur un autre navire géré par mon père et qu'il se montrait très compétent. Pierre me raconta comment, du temps où il était moussaillon, le capitaine s'était pris d'affection pour lui. C'était donc sous la tutelle d'un homme qui désirait ardemment être père qu'il avait appris son métier. Sa mort avait été soudaine et complètement inattendue tandis qu'un important chargement était commandé à l'armateur, qui ne trouvait aucun remplaçant. Pierre insista jusqu'à ce qu'Henry Pitt lui permette enfin de faire ses preuves. Il en était à sa sixième

 livraison et son deuxième passage au Canada. Et le voyage se déroula ainsi, c'est-à-dire sans embûches, du moins jusqu'à la Baie-des-Chaleurs, où mon avenir allait basculer, encore une fois.

Une tempête, arrivée de nulle part mais d'une violence inouïe, avait soudainement éclaté. La force des vents était démentielle, de cent à cent dix nœuds, peut-être même plus. L'orage nous frappa en secouant le navire comme une vulgaire coquille de noix. La pesanteur de la cargaison ajoutée aux pluies torrentielles et aux vagues pareille à des lames de fond ébranla le bateau qui commença à se coucher de côté. Une partie du chargement se détacha ; rien à faire pour stabiliser la cargaison. Les barres de cuivre écrasèrent deux hommes qui tentaient de resserrer les liens devant les maintenir en place, d'autres hommes voulurent les secourir mais durent très vite abandonner. Nous n'avons même pas tenu, tant l'orage nous brassait. Le capitaine criait des ordres à tue-tête, mais le vacarme et les secousses empêchaient les matelots de réagir aussi rapidement que demandé. Puis une lame qui devait faire deux fois la hauteur du bateau arriva et souleva le gaillard avant qui menaça de lever le nez par derrière. Le navire tomba de côté et la cargaison avec lui. L'eau inondait maintenant la cale ; nous coulions.

La rapidité avec laquelle nous étions tirés vers le fond était hallucinante. Je ne saurais encore dire comment j'ai pu échapper à un tel cataclysme. Dans cette mer déchaînée, un baril est venu à mon secours. Je m'y suis agrippé comme à une bouée de sauvetage.

J'ai dérivé toute la nuit. Je n'ai vu aucun autre survivant.

Au matin, j'étais tellement mort de fatigue que j'ai eu envie d'en finir. Par contre, étrange paradoxe, cette pensée me révulsa si profondément que je rassemblai mes dernières forces pour continuer d'avancer. Je ne savais pas où j'étais, j'en avais perdu le nord, mais l'idée d'être vaincu frappait mon orgueil et ma volonté.

Combien de temps ai-je pu rester accroché à ce baril, je n'en sais rien. Mais que Dieu m'en soit témoin, j'allais mourir lorsqu'un navire de pêcheurs acadiens me secourut. Ce fut donc dans une communauté française de la Nouvelle-Écosse que je trouvai enfin refuge.

J'ai dû mettre quelques jours avant de pouvoir retrouver mon équilibre, les derniers temps ayant été plutôt éprouvants. À ma première sortie, je me suis promené dans le village et les environs. Les gens, sympathiques et chaleureux, donnaient si envie de s'y installer que, bientôt, je m'engageai sur un bateau de pêche pour apprendre le métier.

J'aimai tout de suite ce genre de vie, je m'y sentais chez moi. Personne ne faisait allusion à mon passé, ma fortune, mon rang ou mes obligations. J'y découvris également l'amitié sincère, celle qui soutient l'affection. Je les trouvai très belles, ces attitudes, étonnamment différentes des sourires et des courbettes que peut engendrer la quête de faveurs à laquelle nous étions habitués, nous, gens bien nantis de la haute société anglaise. Sur les rives du Canada, on mesurait la valeur d'un individu à ses actions et non pas à son avoir. Personne ne semblait vraiment riche, personne ne semblait vraiment pauvre et tous s'entraidaient. Dans les petits villages qui longeaient les côtes des Amériques, on ne manquait de rien, mais on n'avait pas de surplus. Cette simplicité m'apparut comme une oasis au milieu d'un désert aride, un jardin rafraîchissant et débordant de beaux fruits mûrs et, pour la première fois de ma vie, j'ai su ce qu'étaient l'éden et le vrai bonheur.

Cinq mois s'écoulèrent ainsi, c'est-à-dire à la grâce d'une vie tranquille et routinière que j'appréciais de toute mon âme. Je me voyais même y finir mes jours, dans ce village qui me donna refuge après m'avoir miraculeusement sauvé des eaux.

Pourtant, il me manquait encore quelque chose, un je-ne-sais-quoi qui me triturait par en dedans ; l'appel de l'aventure, j'imagine.

Depuis quelque temps, je m'étais également lié d'amitié avec le capitaine d'un navire qui écoulait sa marchandise le long des côtes. Des produits de la piraterie... comme racontaient les gens, dont les histoires étaient aussi précieuses que le rhum. Mais qu'à cela ne tienne ; lorsqu'il m'a offert de monter à bord et de voyager avec lui sous sa bannière, j'ai accepté et fait mes adieux.

En route pour la Louisiane, nous avons fait escale à Portland où je n'ai pas osé descendre à terre. La Marine royale anglaise sillonnait les eaux de toute l'Amérique et j'anticipais beaucoup trop leur présence pour courir la chance d'être arrêté. Par conséquent, je n'ai pratiquement rien vu de cette ville, si ce n'est cette jolie petite île au plein centre de la baie où on construisait un fort.

Puis nous avons levé les amarres et mis le cap sur notre prochaine destination.

Les hommes parlaient de Boston comme d'une femme et de ses plaisirs. En les écoutant, je finis par réaliser que je ne pourrais pas me terrer dans les fonds de cale ainsi, jusqu'à ma mort. Un jour ou l'autre, il me faudrait provoquer mon avenir car je devais absolument renouer avec la liberté si je voulais vivre, ne serait-ce qu'un tant soit peu. Sur ce, je commençai à changer mon comportement et, d'heure en heure, le désir de fouler la terre ferme de mes pieds gagna sur ma peur. Au lendemain, quand le navire accosta, c'est sans regret que je le quittai et je suis parti à la découverte de Boston, cette fameuse ville femme, accompagné de deux autres membres de l'équipage qui connaissaient bien l'endroit.

Après quarante-cinq minutes de marche, nous avons abouti dans une ruelle sombre et délabrée qui menait à une sorte de taverne bruyante, malodorante, enfumée et bondée. Des marins, des ouvriers et des laissés-pour-compte peuplaient la place en embaumant l'air d'humeurs douteuses et alcoolisées ; la bière et le rhum. Des femmes, belles pour certaines mais toutes de mœurs légères, s'attachaient comme des sangsues aux hommes, dont la bourse se déliait au fur et à mesure qu'ils s'enivraient.

J'examinais l'étrange scène en me demandant ce que je pouvais bien faire dans cet endroit maudit tandis que mes camarades jouaient du coude pour se frayer un chemin dans la foule titubante jusqu'aux tables où quelques rares places restaient encore. Tels des vautours à la recherche d'une proie, deux femmes à moitié soûles, accoudées devant un verre vide sur une table au fond de la pièce, nous scrutaient avec envie et tels des pirates devant un coffre chargé d'or, j'ai reconnu la même pulsion dans le cœur de mes compagnons. Devant cette parodie aux antipodes de l'idée que je me faisais de l'amour, je me suis tout à coup rappelé les mots d'Alfred lorsque nous étions assis côte à côte dans la classe de notre professeur à lunettes, à cette époque où je rapportais des mentions d'excellence.

— Tous les pirates sont attendus par des femmes et ils en ont dans tous les ports...

En ce temps-là, j'avais imaginé une réalité beaucoup plus romantique que celle-ci ; ma bonne éducation qui m'aura encore joué un sale tour.

Et je fus pris de nausée.

J'ai viré de bord sans demander mon reste et je suis rentré au port.

Je suis resté un long moment seul, accoudé au gaillard avant, à réfléchir en regardant les étoiles qui brillaient plus que d'habitude au firmament. Puis j'ai entendu et vu les deux matelots enjamber la passerelle. Ivres morts qu'ils étaient...

Non, jamais je ne pourrais mener ce genre de vie. Mon cœur désirait plus, beaucoup, beaucoup plus que cela.

NEW YORK !

Avec quelques sous en poche et le besoin de nouveaux vêtements, c'est en catimini que je suis descendu à terre. Je ne voulais pas être entraîné dans un autre de ces bordels. En fait, je désirais un après-midi tranquille à flâner dans des rues plus décentes et mieux tenues.

Un jeune matelot m'avait néanmoins suivi et je n'ai pas osé le retourner. En tournant le coin d'une artère, j'ai vu un marchand de glace et je lui ai fait signe de me rejoindre.

— Tu as en déjà mangé ?

Il me regarda avec des yeux exorbités.

— Non, mais qu'est-ce que tu penses ! Je ne suis pas de la Haute, moi !

Un sourire traversa mon visage.

Le jeunot avait un accent irlandais. Il me fit penser à un de ces garçons qui s'engagent dans la Marine anglaise rien que pour fuir la misère et la famine.

— Alors viens ! rétorquai-je, que je te fasse découvrir un coin de paradis.

Nous les dégustâmes en nous promenant, comme ça, sans rien dire. Le moussaillon n'avait pas d'yeux assez grands pour tout voir. C'était une rue principale de New York où de grands magasins côtoyaient des musées et des bibliothèques.

Le goût de la cerise sur ma langue et l'émerveillement qui faisait briller la pupille du moussaillon me rappelèrent

Portsmouth et ma mère. Une vague de nostalgie frappa aussitôt mon cœur et je me demandai si elle allait bien. J'aurais tant aimé pouvoir lui écrire, avoir de ses nouvelles. J'aurais tant aimé aussi pouvoir mettre un terme au doute qui torturait mon esprit un petit peu plus chaque jour ; avais-je tué cet officier ou était-il encore vivant ? Mais reprendre contact avec qui que ce soit était impensable. J'espérais encore, si la marine avait suivi mes traces jusqu'à mon embarquement sur le navire de mon père, qu'on me croyait mort, noyé. Et si tel était le cas, me révéler équivalait à causer ma propre perte, or signer mon propre arrêt de mort était un risque que je ne voulais pas courir.

Nous nous sommes perdus un moment dans la populace, les rues de New York étaient grouillantes de monde. Bientôt, à l'entrée d'un quadrilatère qui ressemblait à un marché, je vis qu'on y pratiquait des enchères ; la vente d'esclaves. Un autre aspect de la race humaine qui me donne envie de vomir. Chaque fois que je croisais un nègre ou un de ces marchands sans scrupules, je me remémorais ces histoires horribles et dégoûtantes qu'on raconte au sujet de cargaisons complètes jetées par-dessus bord pour éviter à la population des continents à qui les esclaves étaient destinés la contagion de maladies qui, parfois, se développent dans les cales où ces pauvres hères sont entassés dans leur souillure et sans eau. Hommes, femmes et enfants, enchaînés les uns aux autres puis attachés à des poids destinés à les tirer vers le fond, étaient ainsi envoyés cruellement à la mort.

Impuissant, je dus détourner le regard et virer des talons.

Sur le chemin du retour, tandis que nous déambulions dans des rues nouvelles, je rencontrai des matelots de la Marine anglaise que je connaissais. Je fis prestement demi-tour en prétextant, pour ne pas avoir à justifier cette soudaine manœuvre à mon jeune compagnon, que j'avais faim. J'avais remarqué, en retrait au dernier croisement, une petite échoppe d'où émanait une bonne odeur de galette et de porc. Nous nous y arrêtâmes donc pour nous ravitailler.

Rassasié certes, mais plus rassuré qu'autre chose, je suis ensuite rentré au port, l'apprenti matelot toujours collé à mes talons.

Un navire avait accosté lors de notre promenade. Un navire lourdement armé de la Marine royale anglaise où flottait le pavillon de guerre. Il était à quai à l'entrée du port, un endroit stratégique où personne ne pouvait entrer ou sortir de la place sans être remarqué.

Je gardai tous mes sens en éveil, j'avais des yeux tout le tour de la tête en avançant vers le navire où je pourrais bientôt monter et me terrer jusqu'à notre départ. Sur ce chemin, une heureuse surprise toutefois m'attendait.

Un peu plus loin, un autre bateau venait de jeter l'ancre. Un navire qui voguait sous la bannière d'Henry Pitt, l'armateur anglais, mon père.

Je renvoyai sèchement le jeune matelot et grimpai à bord pour y chercher le capitaine. C'était un des vieux loups de mer qui venaient souvent prendre le thé à la maison. J'en pleurai presque de joie tandis qu'il me serrait dans ses bras.

Je le suivis ensuite dans ses quartiers où je le bombardai littéralement de questions.

— Une droite plutôt spectaculaire qu'on raconte à ton propos, commença-t-il en riant, mais il a survécu. On dit aussi que le toubib en a sérieusement arraché pour remettre la mâchoire à sa place...

Cette idée le fit rire, et de bon cœur.

Quant à moi, j'ai bien cru sur le moment que j'allais m'évanouir tant la nouvelle m'allégea d'un poids que je réalisais maintenant beaucoup plus lourd que je ne l'avais imaginé. La tête me tournait drôlement et j'ai dû m'asseoir pour ne pas perdre l'équilibre.

— Ton père est tombé malade en apprenant ta mésaventure, reprit-il avec un ton plus grave et empreint d'une certaine émotion. Il a retourné ciel et terre pour te retrouver et ça n'a pas été trop long pour que le jeune officier perde ses galons...

— Ils me croient mort, n'est-ce pas ? le coupai-je.

— Ton père n'a jamais perdu espoir, fit-il dans un hochement de tête.

— Et ma mère ? demandai-je.

Une profonde tristesse cette fois transcenda de son regard.

— On la dit inconsolable...

Il avait marqué une pause et moi aussi.

Tout mon avenir venait de basculer. Je me sentais libre à nouveau, même si je ne l'étais pas encore tout à fait.

Le capitaine dut réaliser mon état d'âme. C'était un homme passionné et capable, mais amical et dédié à son monde. Il reprit :

— La Marine royale est toujours à ta recherche... Elle n'abandonnera jamais. Voie de fait sur un officier et désertion sont des actes punis par la peine d'emprisonnement. Ton père s'est battu pour toi, mais il n'a pas pu obtenir gain de cause. Tu finiras en taule si on te met le grappin dessus.

Mais cela, je le savais déjà et je n'ai pas dit mot. Il continua :

— Sais-tu pourquoi ce jeune blanc-bec te tenait rancune ?

Je fis signe que non.

— Eh bien ! commença-t-il en hésitant, ce jeune officier était le fils d'un capitaine qui naviguait sous les ordres de ton père. Sa mère était une femme incroyablement belle. Jeune, vivante... aguichante.

Je dois avouer ici que j'avais deviné le reste. Mais par respect, je ne l'ai pas interrompu.

— Lorsque le mari apprit la nouvelle, il y eut un terrible affrontement à la suite duquel ton père a dû le congédier... C'est par esprit de vengeance que le fils s'en est pris à toi.

Devant cet ami fidèle à l'armateur, je n'ai pas voulu crier ma colère et ma déception. J'avais été victime des actes de mon père, mais cette amertume m'appartenait, à moi et à moi seulement.

Nous avons longuement discuté avant que je ne retourne sur mon navire. Je me suis pourtant abstenu de tout raconter, et je n'ai pas dévoilé le nom du navire sur lequel je naviguais, d'où je venais ni où j'avais l'intention d'aller. Le capitaine ne m'a pas questionné ; il avait entièrement saisi mon dilemme, il avait compris mes réticences et l'équilibre précaire de la situation dans laquelle j'évoluais.

Avant de faire mes adieux et quitter son navire, je lui remis quand même un petit mot pour ma mère. J'avais envie de lui dire que je l'aimais.

Nous jetâmes l'ancre à La Fayette à la Nouvelle-Orléans. Un coin de terre paradisiaque ! Les gens y étaient chaleureux, toujours en fête et les femmes étaient vraiment belles, à vous faire damner. On y parlait le français, l'anglais et l'espagnol, les trois langues que j'avais apprises. On y trouvait de tout, c'était l'abondance.

Les matelots, qui n'arrivaient plus à se contenir, m'attrapèrent au passage pour m'entraîner avec eux ; nous allions faire la fête. Était-ce à cause des dernières nouvelles qui avaient allégée mon cœur, peut-être. Mais quoiqu'il en fût, je me suis beaucoup amusé. J'ai chanté et dansé avec les plus belles femmes du monde, des métisses d'une beauté incroyable avec lesquelles je me rendis sur la plage où j'ai fait l'amour une bonne partie de la nuit. Je me sentais libre, fort, heureux. La Louisiane était la plus belle et la plus douce de toutes les maîtresses dont un homme pouvait rêver.

Mais la Louisiane était aussi un port d'échanges. Nous nous y sommes attardés plus longuement qu'ailleurs. Elle fourmillait de pirates et les marchandises y étaient bon marché. Le capitaine était à négocier des prix «corsaires», comme il le disait. De rencontre en rencontre, j'ai fini par me lier d'amitié avec l'un d'eux. Nous étions attablés dans une petite auberge quand il me raconta :

— Ce n'est plus comme avant, tu peux m'croire. Les navires transportent moins ou sont beaucoup plus armés. C'est comme à l'île de la Tortue et ce foutu galion espagnol qu'on a tenté d'aborder. Imagine! Ces salauds ont préféré le couler plutôt que de se rendre... Et tout cet or, d'énormes coffres que j'te dis. Et de l'argent, que t'y mettrais une vie que t'arriverais pas à dépenser. Ah! mon garçon... Et c'est là, à moisir au fond sans que personne ne puisse mettre la main dessus!

Les eaux étaient pourtant peu profondes à cet endroit, une trentaine de mètres, tout au plus. Je savais aussi que certains plongeurs pouvaient retenir leur souffle jusqu'à en atteindre de telles profondeurs et mon esprit bouillait en l'écoutant.

Mais il s'esclaffa tout à coup d'un rire fort joyeux et fort bruyant qui me sortit de mes rêveries.

— Et personne ne me croit! On dit même que je suis fou!
Cette fois, il baissa le ton.

— Mais moi, je sais où il est, ce damné galion... Tout près d'une petite île où je l'ai laissé. J'y suis même retourné pour essayer de récupérer son contenu avec des grappins, mais on n'a pas pu...

Pourquoi ai-je accordé ma confiance à cet homme tandis que les autres évitaient sa table, je ne sais pas. Mais ce dont je suis certain est que, ce jour-là, j'ai donné suffisamment d'importance à ses dires pour justifier qu'il me faille apprendre la plongée.

Un autre de mes espoirs, donc, qui était soudainement appelé à devenir une réalité ; la recherche de trésors perdus. La plongée pouvait facilement se pratiquer dans la baie, qui offrait des eaux claires et profondes et je n'avais pas à me soucier de la Marine anglaise qui ne posait pas les pieds en cette terre bénie.

La Louisiane était réputée pour la piraterie et Jean Lafitte était le plus connu d'entre tous. Gentleman fortuné au sale caractère, on le disait marié à une très jolie femme mais acoquiné à d'innombrables maîtresses. On racontait aussi qu'il était le père d'une impressionnante marmaille et qu'il avait des enfants dans tous les ports des Caraïbes. J'avoue par contre que ces histoires ne m'intéressaient pas. Ce qui m'intéressait, c'était de pouvoir en arriver à retenir mon souffle sur une trentaine de mètres pour repêcher ce fameux trésor auquel personne ne croyait vraiment.

Un peu avant que nous levions l'ancre pour la Floride, j'ai confié mes intentions au capitaine. Sur le coup, ma naïveté l'a bien fait rire, mais il a quand même fini par me dire qu'il était possible que nous nous y arrêtions si nous passions un jour par là. C'en fut assez pour que je continue de pratiquer la plongée, dans la baie, jusqu'à notre départ.

La Floride était complètement à l'opposé de la Louisiane. Des kilomètres et des kilomètres de plage déserte qui entouraient une terre principalement habitée par des trappeurs, des hommes durs qui montaient directement à bord pour conclure les achats et le troc. Dans ce coin perdu, il y avait si peu à voir qu'il ne me restait que la plongée.

Depuis quelques jours, j'essayais d'atteindre la barre des quinze mètres de profondeur, mais sans grand succès. À chaque tentative, je frappais le même mur et mes poumons lâchaient.

Épuisé, j'ai dû remonter à bord et me reposer un peu. Littéralement à bout de souffle, je commençai sérieusement à douter de
mes capacités. N'allais-je jamais pouvoir y parvenir un jour?

J'enfilai mes vêtements de corps qui me semblaient trop serrés
ces derniers temps... Trop serrés... Trop serrés...

Je restai là un moment à ressasser ces mots dans ma tête en
essayant d'en comprendre le pourquoi. Puis, d'instinct, j'étirai
mes bras vers l'avant.

Et le déclic se fit. Sous l'entraînement intensif imposé à mon
corps, ma cage thoracique s'épaississait. Mes poumons prenaient
donc de l'ampleur.

Fortement encouragé par cette miraculeuse découverte,
je replongeai dans la mer. J'étais peut-être trop essoufflé pour
descendre, mais je pouvais encore nager.

Nous faisions maintenant escale à Tampa Bay, un autre
repaire de pirates bien connu. Je me sentais de mieux en mieux
en leur compagnie. Leur vie aussi était également régie par un
code, un code d'honneur qui interdisait l'attaque des bateaux
naviguant sous leur bannière, celle des corsaires. Vu sous cet
angle, j'avais trouvé une certaine sécurité parmi eux. Mise à part
la Marine anglaise, je n'avais donc plus à m'inquiéter de qui que
ce soit.

Depuis un bon moment déjà, j'atteignais facilement les vingt
mètres, mais les remontées étaient encore difficiles et le souffle
manquait toujours. Il me fallait trouver un moyen pour dilater
mes poumons et renforcer mon cœur si je voulais réellement
quadrupler cette distance et j'ai commencé à courir avec les
enfants sur la plage. Mais ce simple jeu devint très vite une habitude et bientôt, je courus seul. Au début, quelques personnes me
prirent pour un voleur en fuite et j'ai pratiquement dû m'expliquer publiquement. Puis le mot se passa et je suis devenu la

risée de ceux qui n'avaient rien d'autre à faire. Les blagues, les jeux de mots et les insultes à l'égard des Anglais volèrent alors à la manière de couteaux, et de couteaux qui volaient parfois vraiment bas.

Je n'ai pourtant pas voulu porter attention à ces gens que je considérai comme des chiens qui jappent après les roues d'une carriole et j'ai tout bonnement continué mon entraînement. Après quelques jours à peine, j'avais déjà commencé à sentir une différence dans ma condition physique générale. Mon corps gagnait en force, mon cœur également, et ma cage thoracique s'épaississait tandis que mes poumons s'élargissaient d'autant. Quelques semaines encore et non seulement atteignais-je aisément les vingt mètres de profondeur, mais mon souffle était plus long, les remontées étaient plus facile et j'avais presque réussi à doubler le nombre de plongées avant de sombrer dans l'épuisement.

Par un après-midi, alors que j'étais occupé à nouer une longue corde autour d'une pierre de vingt kilos que j'avais rapportée à bord la veille, mes camarades voulurent se payer ma tête à leur tour.

— Hé, le jeune ! cria le premier en attirant l'attention des autres. Tu veux mettre fin à tes jours ?

Les rires tonnaient gras et fort sur le navire.

— On peut te donner un coup de main si tu veux, lança un autre tandis que tous s'approchaient.

— T'as oublié de t'attacher les pieds, fit un troisième en relançant le rire des matelots.

Je fis mine de rien, ramassai ma pierre et sautai par-dessus bord.

Avec ma pierre, j'ai atteint les trente mètre et je suis resté une bonne minute au fond. J'étais littéralement euphorique ; j'aurais été sur la terre ferme qu'on m'aurait vu sauter dans tous les sens en criant.

Puis tout à coup, venue de nulle part, mais en prenant conscience de la pression exercée par l'eau sur mes poumons, la panique m'envahit.

J'ai vraiment dû faire appel à tout mon courage pour calmer cette vague de terreur frénétique qui a déjà poussé de nombreux jeunes plongeurs à se noyer, à moins d'un mètre même de la surface ; la peur de manquer d'air, dont je me rappelais maintenant les histoires.

Je remontai en m'aidant de la corde. Calculant chacun de mes gestes, me donnant des poussées régulières mais posées, me concentrant du mieux que je le pouvais sur les rayons de lumière qui réfléchissaient à la surface, je me rapprochai de la coque.

Accoudé au gaillard avant, l'équipage m'attendait.

J'émergeai à la surface en m'étouffant, où j'eus d'ailleurs grand mal à me maintenir. Deux matelots, qui avaient reconnu ce phénomène pour en avoir déjà été témoins auparavant, plongèrent aussitôt pour me secourir.

Et je fus ramené à bord.

À compter de ce jour, je suis devenu l'attraction principale de l'équipage qui m'encouragea en lançant même parfois des paris entre matelots.

CHAPITRE IX

Les histoires allaient bon train sur le navire. Les pirates en connaissaient un bout sur les trésors enfouis au fond des eaux et tous rêvaient maintenant aux innombrables coffres chargés d'or et d'argent que j'allais pouvoir remonter. Les matelots se relevaient désormais à tour de rôle, joyeusement, pour accomplir certaines de mes tâches et m'accorder plus de temps. La joie, la confiance et le partage régnaient à bord et le capitaine m'en était plus que reconnaissant. Malheureusement, il nous fallut repartir pour le Canada et ses eaux froides, où je ne croyais pas pouvoir continuer mon entraînement.

Au large de Cape Code, un passage parfois très agité au milieu de la mer, je pensai aux nombreuses épaves que cet endroit maudit par les dieux avait envoyées au fond. Quoique les lames de la Baie-des-Chaleurs aient de quoi faire trembler le plus dur d'entre tous les durs avec leurs dix mètres et plus de hauteur, cette partie de l'océan en a aussi fait voir de toutes les couleurs aux capitaines qui ont, depuis toujours, sillonné ses eaux. Mais moi, c'est le sable doré et couvert des hauts-fonds que j'imaginais et j'y ai songé jusqu'à notre arrivée.

En accostant à notre petit village, nous nous sommes empressés de poser le pied à terre et de courir serrer nos proches dans nos bras. Le capitaine était heureux de revoir sa famille. Pour ma part, je n'avais encore ni femme ni enfants, mais beaucoup d'amis vinrent à ma rencontre. C'était des gens honnêtes et chaleureux. Friands de nouvelles histoires et aventures, ils aimaient se souvenir. J'avais hâte de partager les miennes et, ce soir-là, nous nous réunirions, le tonneau de rhum ou de bière à nos côtés, pour une de ces fameuses soirées où les conteurs sont à l'honneur.

En regardant les autres, j'eus une pensée nostalgique pour ma famille restée là-bas, en Angleterre. Comment se portait mon père, était-il encore de ce monde? J'étais certain de l'avoir grandement déçu, peut-être même blessé, mais il était trop tard pour les regrets. D'ailleurs, les circonstances laissaient croire que je ne les reverrais probablement jamais, ni lui ni ma mère, et chaque fois que cette idée me traversait l'esprit, j'étais aussitôt accablé de remords. Mais que faire d'autre? La Marine royale anglaise ne pardonnait pas aux déserteurs, mon rang social ne serait aucunement pris en considération. Ni la fortune de mon père ni son influence ne pourraient me tirer de ce mauvais pas.

Par contre, je pouvais toujours lui écrire, lui présenter mes excuses, lui dire combien je regrettais mon comportement. Je pourrais en profiter pour le remercier aussi, pour l'éducation que j'avais reçue et toutes ces autres bonnes choses qu'il m'avait prodiguées. Il n'était pas trop tard pour de telles paroles. Peut-être réussirais-je ainsi à amoindrir son chagrin. En ce jour, j'avoue que je comprenais beaucoup mieux ses responsabilités, car l'idée de fonder une famille m'était devenue un sujet de préoccupations; et je me jurai que, si cela se réalisait, je laisserais, moi, mes enfants faire leur propre choix de carrière.

En attendant, la Nouvelle-Écosse nous offrit un court mais précieux moment de détente et de repos. Je suis parti avec Étienne, un matelot que j'estimais pour son sens de l'humour et sa sincérité. C'était aussi un excellent pêcheur; il connaissait les environs et les étangs dans les moindres recoins. Nous sommes donc revenus chargés de truites, de plus de trois livres parfois. Étienne aimait sa pipe, une pièce artisanale confectionnée dans l'argile, de ses propres mains. J'ai pris une bouffée, question de voir ce que fumer était, et je me suis étouffé comme jamais auparavant. Un autre vice auquel, par la suite, je ne me suis jamais adonné, soit dit en passant.

Le soir, chez son oncle, un pêcheur de morue, tandis que nous l'aidions à saler le poisson que nous étendions sur des planches de bois, il me raconta une drôle d'histoire.

— Tout près de la petite île, juste là, fit-il en pointant du doigt l'horizon, ce foutu pirate a coulé avec son bateau. À marée basse, on voit encore les objets briller au fond. Y a pas plus de vingt ou trente mètres de profondeur quand la mer se retire et l'eau est vraiment claire que j'te dis...

Il n'en fallut pas plus pour que je me remette à mes rêves. Et si je tentais une plongée ? Les eaux étaient plus froides que dans les mers du Sud, mais la distance était plus courte aussi. Une merveilleuse occasion de reprendre mon souffle et peut-être même de m'enrichir.

Je le questionnai davantage.

— Quand il a coulé ? répéta-t-il. Pas sûr que j'peux vraiment te répondre mon garçon. Ce foutu navire est depuis longtemps devenu une légende qui se transmet de génération en génération.

Bateau pirate ou pas, cette histoire était une invitation à l'action, l'aventure, et je n'allais très certainement pas laisser passer une telle occasion.

Le dimanche suivant, je me suis embarqué avec lui et ses dix hommes. J'avais apporté trois grosses pierres avec moi. À marée basse, il ordonna de jeter l'ancre au-dessus de l'épave en question. J'enfilai un chandail de laine, je me saisis de la première pierre et je plongeai sous l'œil vigilant et attentif du vieux pêcheur, qui surveillait aussi les courants.

Aussitôt sous la surface, j'aperçus deux canons de fer que je m'empressai d'atteindre. Je remontai avec une tige de cuivre et un clou.

L'équipage était surexcité.

— Peux-tu attacher le canon ? me demanda le capitaine.

— Je crois que oui, mais comment comptez-vous le remonter ?

Un objet aussi lourd allait demander beaucoup de vaillance et d'efforts.

— Casse-toi pas la tête pour ça, mon garçon. Attache-le solidement et tu verras.

Le capitaine fit descendre une grosse corde nouée à une pierre. J'ai replongé mais je n'ai pu attacher le canon que par un seul bout avant que l'air ne commence à manquer ; je me suis tapé une sacrée tasse d'eau à la remontée, c'est moi qui vous le dis !

Les hommes tirèrent sur la corde et réussirent à soulever le monstre, mais le nœud se défit et j'ai dû replonger pour attacher le canon de nouveau.

Au dernier essai, la corde tint. Malheureusement, la charge était beaucoup trop lourde, même pour dix hommes. Le capitaine, loin d'être à bout de ressources, ordonna alors d'installer des palans et les hommes s'attelèrent à l'ouvrage, tels des forcenés, jusqu'à ce que le canon atteigne enfin la coque, où on décida de le laisser, le temps de le ramener à quai.

Et nous accostâmes.

Sous les regards étonnés d'une cinquantaine de curieux entassés le long du quai, le canon fut enfin remonté et tiré à terre. Tous me regardaient avec admiration ; j'avais l'impression d'être devenu un être extraordinaire et je me sentais fier de mon exploit.

Toujours avides de nouvelles histoires, les gens question-nèrent à propos du fameux trésor. J'ai dû répondre que je n'en savais encore rien mais que nous allions y retourner dès que la température le permettrait.

Ce fut la fête ce soir-là. Les gens venaient de partout, la nouvelle s'était répandue comme une traînée de poudre. Les tavernes étaient bondées, les maisonnées recevaient et les villa-geois jouaient du coude pour offrir à boire au vainqueur. J'avais le sentiment d'être propulsé vers les étoiles, j'étais devenu un héros. J'ai bien trempé mes lèvres à quelques coupes, mais j'ai très vite prétexté les exigences de la plongée pour ne pas avoir à m'enivrer avec tout ce beau monde, une excuse qui fut facile-ment acceptée par le village entier, dont l'euphorie à elle seule réussissait à faire tourner les têtes, la mienne y compris.

Le lendemain fut un jour de pêche régulière, la mer s'avérant être trop houleuse pour plonger. Je suis monté à bord de notre navire, où j'ai réparé les voiles ainsi que des cordes fripées. Le jour suivant, j'ai nettoyé le pont et ainsi de suite jusqu'au mer-credi, où les eaux se montrèrent favorables, et nous retournâmes à l'épave, munis de plusieurs pierres, de cordes mais de petits filets cette fois.

À ma première plongée, j'ai ramassé tout ce qui me tombait sous la main : poteries, bouteilles, clous en laiton, mais rien de vraiment bien précieux. À la deuxième plongée, l'eau était déjà devenue trop froide et je n'ai pu rester au fond qu'une quaran-taine de secondes, ce qui était loin d'être suffisant pour pou-voir me faire une idée de ce que je pouvais dénicher. Même par belles saisons, les mers canadiennes restaient un foutu défi, elles étaient capables de vous geler de bord en bord et en moins de temps qu'il en fallait pour le dire. Il a donc fallu que je me réchauffe un long moment avant ma troisième plongée, qui fut plus fructueuse, elle.

Je suis remonté avec deux petits morceaux de métal rond, des pièces en argent que je me suis empressé de remettre au capitaine.

L'excitation était au summum, prête à exploser, ça se sentait. Mais tous retenaient leur souffle.

— Huit réaux espagnols ! clama soudain le capitaine en levant la première pièce... Et deux réaux péruviens ! fit-il ensuite avec l'autre.

Des cris de joie fusèrent de toute part. Sur le bateau, les matelots sautaient en dansant.

La légende se confirmait.

— En as-tu vu d'autres ? demanda le capitaine sans se préoccuper de ses hommes.

— Non, répondis-je... Peut-être n'en reste-t-il plus.

Je savais, tout comme le capitaine, que tous les galions espagnols étaient lourdement chargés d'or et d'argent, ne serait-ce que pour payer l'équipage, s'approvisionner pour le retour et, plus important encore, les munitions qui servaient à se défendre contre les attaques fréquentes dont ils étaient constamment victimes. À cet instant précis néanmoins, je ne pouvais pas encore dire si ce navire était effectivement l'un d'eux ; les eaux étaient trop troubles et je ne pouvais pas m'y tenir assez longtemps. Par conséquent, il se pouvait tout autant que nous ayons affaire à un bateau pirate et, dans ce cas, tous nos rêves

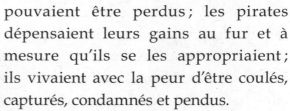

pouvaient être perdus ; les pirates dépensaient leurs gains au fur et à mesure qu'ils se les appropriaient ; ils vivaient avec la peur d'être coulés, capturés, condamnés et pendus.

Il ne nous restait donc plus qu'à l'espérer, ce damné galion.

— Tiens, mon garçon, elle t'appartient, fit tout à coup le capitaine en me remettant la pièce de huit réaux.

Je l'examinai attentivement en songeant que peut-être, en effet, je n'étais pas né pour la vie de pirate ; tuer pour piller ne m'inspirait guère. Mais voilà désormais que je réalisais combien la vie de plongeur, elle, commençait à me coller à la peau.

Puis ce fut le temps de lever l'ancre. Nous devions partir pour New York afin d'écouler nos marchandises. Le navire, principalement chargé de morue salée, avait pris une odeur de poisson collante à laquelle j'avais de la difficulté à m'habituer. C'était quand même une belle journée, une mer calme qui nous amena jusqu'à Saint-Jean, Nouveau-Brunswick, où nous avons fait escale pendant quelques heures. Aussitôt, je débarquai pour me renseigner à propos des navires de mon père. Chargés de barres de bronze et de fer, ils faisaient régulièrement la navette entre l'ancien continent et le chantier naval d'ici. J'espérais que l'un d'eux ait pu mouiller l'ancre, avoir ainsi des nouvelles de ma famille et lui faire parvenir la lettre que je traînais dans la poche de mon pantalon.

J'avais arpenté tout le quai, sans succès. Découragé, je questionnai alors un débardeur.

— Y a b'en un bateau d'Pitt qu'était là hier, qu'il me répondit. Mais y a levé l'ancre en soirée pour Boston...

Je discutai un instant avec lui, puis le remerciai d'un revers de main.

Boston était notre prochaine destination. Avec un peu de chance, le navire s'y trouverait encore à notre arrivée.

J'avais invité un camarade, le charpentier, à descendre à terre avec moi. Il connaissait bien Boston pour y avoir de la famille. Nous avons fait le tour des échoppes et des petites boutiques qui longeaient le quai. Il acheta de menus objets pour sa femme tandis que je cherchais le navire de mon père. Je me demandais toujours si ma mère avait mis au monde une fille ou un garçon, en souhaitant que cet enfant leur rende le bonheur que, moi, je leur avais refusé. Mais je crois que, quelque part tout au fond de moi-même, ce que je désirais par-dessus tout était de savoir si mon père m'avait pardonné.

Trois heures passèrent ainsi, sans trace d'un bateau. Nous en étions au deuxième chantier naval et il se faisait tard. J'allais virer les talons pour rentrer quand, au loin, sur un étendard, je reconnus les armoiries familiales.

Je fis signe à mon compagnon de partir et je montai à bord.

Le matelot de garde vint à ma rencontre et je demandai pour le capitaine.

— Reviens demain matin, fit-il sèchement. Le capitaine ne reçoit personne à cette heure.

L'homme, plutôt costaud, ne semblait pas entendre à rire.

J'aurais voulu dévoiler mon identité et me servir de ce fait : j'étais le fils de l'armateur. Mais révéler ma présence sur ces terres était aussi prendre le risque de révéler ma position à la Marine anglaise qui, je le savais, poursuivait ses recherches.

J'ai donc pris une chance en clamant :

— Va dire à ton capitaine que son fils, Jean, demande à le voir.

— Pardonnez-moi Monsieur, rétorqua alors le marin sur un tout autre ton. Je vais tout de suite l'aviser de votre présence.

J'espérais que l'homme qui commandait ce navire ait la pensée rapide. Autrement, j'en étais sûr, l'homme de garde allait très certainement se payer l'immense plaisir de me jeter par-dessus bord à son retour.

J'attendis le dénouement en regardant nostalgiquement les filaments de nuages parsemés d'étoiles. L'entre chien et loup annonçait une nuit belle et douce ainsi qu'un matin frais mais accueillant. Aucun vent de tempête ne soufflait à l'horizon ; la mer serait calme et sereine, du moins jusqu'au lever du jour...

— Jean, mon fils ! s'exclama le capitaine en venant vers moi pour me prendre dans ses bras.

J'étais béni des dieux, le vieux loup de mer m'avait reconnu.

Le matelot s'en retourna à son tour de garde et le capitaine m'entraîna dans sa cabine où il referma derrière nous.

— Je suis heureux de te savoir en vie, Jean.

— Merci, capitaine. Je ne savais pas trop comment vous approcher, je suis content que vous ayez répondu à mon...

Il s'esclaffa d'un rire fort amusé.

— En espérant que ma femme n'aura pas vent de cette histoire, mon garçon. Parce que là, je serai dans de sales draps !

Et j'ai ri avec lui, un bon coup aussi.

— Ceci dit, j'avoue que c'est ton père qui nous a demandé de garder un œil ouvert. Il a toujours été conscient de l'amour que tu portes à la mer, il n'a jamais cessé ses recherches pour te retrouver.

Il avait fait une pause en nous servant le thé.

— Et comment va ma mère ?

— Elle a mis au monde un autre garçon... Il te ressemble, Jean.

Je suis resté pensif un moment et je priai pour que mon frère soit plus terre à terre et capable de répondre à leurs attentes. Un mouton noir dans la famille était bien suffisant à leur peine.

Le capitaine avait maintenant pris place au bout de la table. Je sortis la lettre que je déposai devant lui.

— Pourriez-vous remettre ce mot à mes parents de ma part ?

Il la ramassa et la plaça dans la poche de son pantalon.

— Tu peux en être assuré. Je la leur remettrai en main propre.

D'un hochement de tête, je l'en remerciai.

Puis nous bavardâmes un peu, de la famille, de Portsmouth, de la mer et de la marine, mais lorsqu'il me demanda sur quel navire j'étais embarqué, je jugeai préférable de ne pas l'impliquer. Il comprit mes réticences et n'insista pas.

La marchandise vendue et la nouvelle chargée, nous devions retourner à New York avant notre départ pour la Louisiane, où j'avais hâte de retrouver mon vieil ami et ce fameux galion rempli d'or qui gisait dans les eaux tièdes des Caraïbes, tout près de l'île de la Tortue. Sous la rigueur et la froidure du Canada, ma condition physique avait gagné en force et en puissance. Désormais, je me sentais plus que confiant et j'avais le moral gonflé à bloc.

Le voyage fut néanmoins des plus difficiles. Quelque part à mi-chemin entre Boston et New York, nous nous sommes heurtés à une mer turbulente, presque enragée. Le navire était secoué d'un bord et de l'autre, de la même manière dont nous l'avions été dans la Baie-des-Chaleurs, juste un peu avant que nous coulions. J'étais mort de trouille sous cet orage ; la violence avec laquelle il s'en prenait aux voiles était inouïe. Je ne pouvais cesser de penser à mes compagnons et à la lame qui les avait emportés au fond. J'avais beau me répéter que j'en avais vu d'autres, la mer est une maîtresse imprévisible... Un jour elle vous aime, le lendemain elle vous en veut à vous faire mourir.

Au petit matin, nous accostâmes enfin, mais péniblement. Le bateau avait sérieusement besoin de réparations. Les voiles avaient pris un sale coup ; nous dûmes mettre un bon trois jours pour les recoudre proprement. Tous les matelots travaillèrent durement et sans relâche ; je n'étais pas seul à vouloir regagner la Louisiane, ce paradis dont les pirates rêvaient. Les hommes parlaient des femmes, de la fête et du rhum tandis que j'imaginais le navire que je pourrais acheter avec l'or que j'allais bientôt soutirer à la mer. Je me voyais déjà capitaine, naviguant dans les Antilles, à la recherche des trésors oubliés qui feraient la mienne, ma fortune.

J'avais désormais le sentiment que tous les espoirs m'étaient permis.

Quelle joie!

Et quel revirement!

CHAPITRE X

LAFAYETTE!
Je suis débarqué à la manière d'un enfant, joyeux, excité, en courant. Le vieux pirate avait eu vent de notre arrivée et m'attendait. Allongé dans sa cabane sur la petite île qu'il ne partageait avec personne, Dumont le fou, comme l'avaient nommé les gens du patelin, rêvassait.

— J'pensais justement à toi, mon garçon, me dit-il en m'apercevant dans l'embrasure de sa porte. J'étais certain que tu m'avais cru et je savais que tu reviendrais. T'es prêt, c'est ça?

— Oui, mon capitaine, fis-je en riant à pleines dents. On part à la chasse au trésor.

Je suis rentré au navire où je me suis empressé de m'informer auprès du capitaine.

— Ça tombe drôlement pile pour toi, mon garçon! commença-t-il en riant. Nous devons nous ravitailler en coton et en rhum et y a pas mieux que l'île de la Tortue pour ça...

Effectivement, j'en suis resté bouche bée.

— Nous y resterons deux semaines, histoire de nous reposer un peu. Les hommes ont besoin de se dégourdir...

Il s'était servi un verre.

— Y a pas meilleure place non plus pour dénicher un navire, l'île fourmille d'aventuriers. Y a peut-être plus autant de pirates qu'auparavant, le métier est dur de nos jours, mais on y trouve encore du cochon fumé, de belles femmes, du bon rhum et autant de tavernes qu'un matelot peut en demander...

Il enfila son verre, cul sec.

— Tu trouveras facilement un bateau là-bas, des vieux boucaniers à la retraite qui ne demanderaient pas mieux que de te louer leurs services, en commençant par les frères de la côte, de sacrés bagarreurs quand ils sont saouls mais pas de la mauvaise graine...

J'en ai appris un long bout ce jour-là, sur l'île de la Tortue.

Un sourire tranchait sur ses lèvres le lendemain lorsqu'il me confirma notre départ et j'envoyai chercher Dumont pour qu'il s'embarque avec nous.

J'avais fait mes propres provisions, des cordes, de nouveaux filets, un marteau piqueur, un couteau à lame épaisse et — impressionnante découverte — des lunettes rondes pour plongeurs. On pouvait facilement voir à plus de dix mètres avec ces petites coquilles étanches devant les yeux ; la différence était stupéfiante. J'aurais passé la journée au fond de l'eau tant ma vision était claire et tant le monde aquatique était beau. Je crois que ce fut l'un des plus beaux moments de ma vie. En tout cas, un de ceux qui confirmèrent ma vocation.

Puis nous appareillâmes, direction golfe du Mexique. Dumont, accoudé au gaillard tribord avant, observait les drôles de petits poissons qui volaient au-dessus des vagues à la manière des oiseaux, tandis que je regardais, de l'autre côté, les dauphins qui accompagnaient notre navire en sifflotant leurs joyeuses mélodies. En les écoutant, je me remémorai les histoires étranges qu'on racontait à leur propos. On les disait envoyés par les sirènes ou par les dieux pour protéger les marins des requins, et beaucoup encore juraient avoir, grâce à eux, déjà été ramenés sains et saufs à terre, le long des côtes. J'examinai leurs grands yeux sans malice en me disant qu'il ne pouvait en être autrement et, plus je me familiarisais avec la mer, plus j'aimais ce qu'elle avait à m'offrir.

Les Caraïbes sont d'une luminosité plus qu'éclatante. Même la nuit revêt un manteau d'étoiles dont la brillance est incomparable à tout ce qu'on a pu voir auparavant. Elles scintillent sur la surface des eaux comme des milliards de petites lanternes posées là, exprès, pour guider notre route sans qu'on ait à lever la tête pour la trouver. Chaque étoile marque un chemin et chacune est bien connue des marins.

C'était un spectacle d'une beauté saisissante, à vous en faire souhaiter vouloir terminer vos jours à cet endroit.

Les jours passèrent alors que nous nous occupions aux tâches habituelles, réparer les voiles, les poulies, laver le pont et surtout nous débarrasser des rats. De temps à autre, un orage grondait au loin et les éclairs sillonnaient le ciel en nous donnant la chance de pouvoir les observer sans la crainte qu'ils frappent le navire ou y mettent le feu. Ainsi vus, les orages deviennent alors magnifiques. Ils ne provoquent plus la peur, mais l'admiration.

Chaque jour me rapprochait davantage de mon but : l'île de la Tortue! Ce coin de terre, au milieu de l'infini océanique, qui regorgeait des légendes et des mystères dont mon enfance n'avait jamais cessé de rêver était pour moi l'endroit le plus fascinant, le plus envoûtant au monde. Et lorsqu'à l'horizon, de ses hautes falaises surplombées par son pic montagneux, elle m'apparut enfin, j'eus l'impression qu'elle m'avait attendu, comme l'épouse fidèle qui attend que son mari rentre à la maison.

Nous approchâmes du port, un vieux quai de bois difficile à atteindre tant il y avait de bateaux amarrés. J'aimais déjà son humeur, j'étais déjà certain que je m'y plairais. Elle me donnait la sensation d'être perdu à l'autre bout du monde et elle faisait l'envie des chercheurs de trésors.

Nous abordâmes, mais nous dûmes attendre pour le déchargement. Le capitaine nous donna alors la permission de débarquer. En compagnie de Dumont, je me mis aussitôt à la recherche d'un navire et d'un équipage. Quant au vieux bougre, il était plutôt intéressé à rencontrer d'anciens amis et connaissances qui pouvaient, d'après ses dires, éventuellement nous aider.

Nous avons fait le tour de plusieurs tavernes où j'ai fait rire de moi.

— Quarante mètres de profondeur? Mais tu délires, mon gars!

L'homme s'était esclaffé si bruyamment et si fort que tous entendirent.

— Même les sirènes ne peuvent pas descendre aussi bas! cria ensuite un autre, une table à côté.

J'ai dû ravaler mon orgueil pour continuer.

Et puis, juste comme j'allais abandonner parce qu'il commençait à se faire tard et que nous devions rentrer, le capitaine d'un navire qui nous avait entendu vint à notre rencontre.

— Tu fais b'en ce que tu veux avec ta vie, mon garçon. C'est pas que ça me regarde, mais si ça paye b'en, j't'offre mon équipage pis mon bateau.

Je ne lui ai même pas demandé son nom. Je me suis levé pour lui serrer la main.

J'avais amassé vingt-cinq dollars, ce qui fut amplement suffisant pour louer le navire, l'équipage et le matériel qu'il restait encore à acheter. Il me parla aussi d'un jeune garçon, un métis, qui plongeait, comme moi.

— Il habite de l'autre côté du port, sur l'île. Il descend à vingt mètres facilement. Il pourrait te donner un coup de main.

Je le remerciai de l'information.

Maintenant, il fallait trouver cette épave.

Moi, le vieux Dumont, le capitaine, huit hommes et un jeune plongeur, ça faisait douze personnes entre lesquelles partager le butin. Je réclamai trois part; pour moi, Dumont et le capitaine. Les autres se partageraient également ce qui resterait. J'espérais pouvoir suffisamment soutirer de cette épave pour m'acheter un petit navire, un bateau de pêche pour commencer. Ensuite, ça restait encore à voir.

Les Espagnols empruntaient une route au tracé très précis et bien connu de tous. Nous naviguions en suivant cette route et, si épave il y avait, c'était incontestablement sur ce chemin que nous allions la trouver.

La mer des Caraïbes était littéralement jonchée d'épaves de toutes sortes, galion espagnols, navires marchands, vaisseaux de guerre et corsaires. Les puissantes tempêtes tropicales en envoyèrent beaucoup au fond certes, mais bien d'autres coulèrent en combattant. En temps de guerre ou de menace, les pirates étaient engagés par la Marine française et la Marine anglaise pour détruire les flottes espagnoles et tous ces malheureux affrontements avaient fini par se terminer en contes et légendes qu'on transmettait de génération en génération. Pour ma part, j'en étais fort heureux. Chaque famille dans l'île connaissait une histoire de navire coulé avec ses trésors. Ne restait plus qu'à trier les plus plausibles sur le volet et partir à leur recherche.

J'avais deux semaines devant moi. Notre navire attendait une cargaison de sucre et de tabac. Si je ne trouvais pas d'ici son départ, j'avais décidé de réembarquer avec lui. Je n'avais donc rien à perdre et tout à gagner.

Dumont, lui, avait déniché un petit coin pénard sur l'île, qu'il n'avait plus l'intention de quitter. Le lendemain, je l'y ai retrouvé et nous nous sommes promenés, histoire d'explorer un peu et parler aux gens. Les îliens étaient gentils et simples, mais quelque peu méfiants des étrangers. On y rencontrait également encore beaucoup de pirates qui faisaient de la contrebande, marchandises auxquelles le capitaine du navire sur lequel je bourlinguais se ravitaillait la plupart du temps. Il n'était pas très loquace à ce sujet, mais nous l'avions tous deviné. En fait, c'était l'évidence même. Sur les côtes de l'Amérique du Sud et du Nord, comme dans les îles, personne ne posait de questions sur la provenance des marchandises et tous y trouvaient leur compte.

Le bateau arriva, c'était un deux mâts. Le pont était large et long. Je montai à bord avec vieux sur mes talons. Je fis une inspection rigoureuse avant de donner mon assentiment. C'était parfait.

J'expliquai au capitaine combien de pierres il fallait amasser pour l'expédition quand j'aperçus quatre navires, un gros et trois plus petits, tous à l'ancre et lourdement armés.

— À qui sont ces navires? demandai-je au capitaine.

Le capitaine vira la tête.

Quand il me revint, il avait levé un sourcil en guise d'avertissement.

— Lafitte... C'est un pirate... Et crois-moi, mon garçon, tu n'veux pas te mouiller avec lui.

— Mais encore? insistai-je.

— Il jette l'ancre deux à trois fois par année pour voir sa femme et sa fille. Il reste rarement plus de deux semaines...

J'étais songeur. Je me demandais si c'était de lui que j'avais entendu parler auparavant, en Louisiane.

Qu'a pensé le capitaine à cet instant, je n'en sais rien, mais il est revenu à la charge.

— Ne t'approche pas de ces femmes, mon garçon. Lafitte a un sale caractère, c'est moi qui te l'dis. Y a pas un seul homme dans toutes les Caraïbes qui oserait s'y frotter. Il tuerait pour moins que ça...

Jean Lafitte

Un peu plus tard, Dumont me le confirma. Mais il me dit aussi qu'il ne voulait rien avoir à faire avec lui.

Le capitaine avait annoncé que nous partirions le lendemain, après la messe. Je n'étais peut-être pas le plus croyant, mais je n'avais rien contre Dieu et respectais les gens pieux. Ça faisait drôlement longtemps que je n'avais pas revêtu mes habits que je déballai pour l'occasion. Ils étaient certes un peu serrés, j'avais pris beaucoup en tonus musculaire depuis la dernière fois, mais je réussis quand même à rentrer dedans.

À l'église, tout mon monde était difficilement reconnaissable dans son accoutrement endimanché. Les marins avaient maintenant une tout autre allure. Je les sentais gênés et peu sûrs d'eux-mêmes. Certains tiraient sur leur collet trop serrés tandis que les autres essayaient de se tenir le dos droit. De temps à autre, une femme donnait un coup de coude, pour ramener son mari à l'ordre ou le réveiller. La crainte de Dieu semblait être le motif de leur présence, beaucoup plus en tout cas que la croyance elle-même. Les hommes avaient trop de mal à s'y sentir bien pour ne pas avoir été obligés de s'y conformer. Une vieille superstition persistait : celle de ne jamais braver la colère de Dieu, car lui seul est encore maître à bord en mer.

Je restai debout à l'arrière tandis que les gens s'assoyaient devant moi. Puis dans la toute première rangée, en avant, j'ai soudainement reconnu le propriétaire des quatre navires ; Lafitte, le pirate au sale caractère qu'on me conseillait de fuir.

À sa droite se tenait une jeune fille que je ne voyais que de dos. Était-ce à cause de cet aspect plutôt rébarbatif de mon caractère, celui qui s'élevait aussitôt contre tout ce qu'on me refusait qui me poussait vers elle ? Je n'en sais trop rien, mais je me rappelle combien j'étais tout à coup intrigué, fasciné par sa présence.

Je m'avançai tranquillement dans l'allée opposée à celle où ils se tenaient encore debout, la fille et le père, et plus je m'en approchais, plus je désirais ardemment voir son visage. Elle dû sentir l'insistance de mon regard posé sur elle car, un court moment, elle se retourna.

Lorsque ses yeux croisèrent les miens, mon cœur fit un bond et j'eus l'impression que la terre s'arrêtait de tourner. Le temps avait tout à coup perdu sa mesure et j'ai bien cru que le monde entier avait aussi cessé de respirer. Une courte seconde, qui me parut pourtant éternelle, durant laquelle tout mon être était envoûté. Je mémorisai sans peine la clarté de son regard, la douceur de ses yeux, les traits fins et délicats de son beau visage...

Quand elle vira la tête pour s'en retourner à ses prières, je suis resté là, un moment, stoïque mais empreint d'un sentiment nouveau et des plus étranges. J'avais les paumes moites et mon cœur s'était emballé. D'un seul coup, j'ai tout oublié de ce qu'on m'avait dit à propos du père.

Il me fallait la revoir.

Cet après-midi là, en faisant route vers notre épave, j'ai questionné davantage :

— Est-ce que c'était la fille Lafitte, à l'église aujourd'hui, dans la première rangée ?

Le capitaine me jeta un regard tout ce qu'il y a de plus désapprobateur.

— Oui, fit-il d'un hochement de tête, mais t'en approche surtout pas.

Mon visage s'était durci, ce n'était pas ce que je voulais entendre. Il le comprit et d'une poigne ferme, il me saisit l'épaule.

— Écoute b'en, mon garçon... Lafitte, c'est pas l'premier venu. Tu te frottes à un homme qui possède son propre royaume. Le Barataria, qu'y l'appelle. Là-bas, en Nouvelle-Orléans. T'imagines? Y contrôle une flotte de pas moins de cinq mille hommes. Anglais, Français, Espagnols, y ont tous peur de lui... C'est pour ça qu'on le voit pas souvent dans l'île. N'empêche que tout le monde travaille pour le pirate. Pis des espions, y en a partout. On ne se frotte pas à Jean Lafitte, à moins d'être fou ou suicidaire. Tu comprends ça? Reste loin d'elle, mon garçon... Reste loin d'elle.

Ces arguments étaient peut-être amplement suffisants pour décourager n'importe qui d'autre, mais moi... j'étais en amour!

CHAPITRE XI

Les récifs se trouvaient à dix ou douze heures de navigation. J'espérais que Dumont se rappelle avec exactitude l'endroit où l'épave avait coulée, car nous n'aurions pas trop de trois jours pour remonter le butin. De plus, je n'arrêtais pas de me répéter qu'il fallait garder mon attention sur ce que j'avais à faire ici, mais c'était plus fort que moi ; Margarita occupait toutes mes pensées.

J'en avais appris beaucoup à leur sujet depuis cette messe, à l'église. Lafitte avait épousé une femme de la haute société. Sa fille avait bénéficié d'une éducation tout à fait comparable à la mienne. De toute évidence, il la destinait à un homme de rang. Il la protégeait contre le premier venu. J'étais né sous le signe de la bourgeoisie, les armoiries de mon père valaient bien les siennes, mais j'avais gaspillé cet héritage en désertant la marine et je savais que je ne pourrais jamais plus m'en prévaloir. Pourtant, mon esprit ne pouvait plus se détacher des jolies boucles de ses cheveux dorés, de la petitesse de son nez, de la sensualité de ses lèvres couleur cerise et du reflet de la mer qui émanait de ses yeux. Je la ressentais, je me fondais en elle et je la désirais plus que tout.

— On la voit pas souvent, m'avait expliqué un matelot. Elle sort parfois en compagnie de sa mère. Une très belle femme, elle aussi... Ça arrive aussi que la famille entière parte vers d'autres îles. Pis on est des mois sans les voir. Même le père se fait rare dans le coin.

On me raconta qu'il était personnellement en guerre contre les Espagnols et les Anglais, qu'il maudissait entre tous. Comme je l'étais moi-même, j'eus vraiment peur de voir tous mes espoirs s'effondrer...

Dumont me sortit de ma rêverie. Il m'interpella :

— Jean, regarde ! On y est !

Nous pouvions distinguer l'île et même ses vagues qui se brisaient sur ses rochers. L'endroit était inquiétant, la mer y était fortement agitée. Nous nous en approchâmes, lentement, doucement, tandis que le vieux retrouvait ses repères parmi les rochers. J'avais presque entamé une prière pour qu'il se reconnaisse après tant d'années quand soudain il hurla :

— Jetez l'ancre ! Ici, que j'vous dis !

J'en suis resté bouche bée.

Le capitaine donna des ordres rapides et l'exécution le fut tout autant. Je scrutais déjà l'eau en essayant de voir au fond, mais en vain. Je me préparai alors, car il fallait plonger pour une première reconnaissance.

Le temps de jeter l'ancre et les hommes avaient sondé la profondeur avec du plomb. Bonne nouvelle : vingt à vingt-cinq mètres tout au plus.

On attacha la première pierre que j'agrippai pour me jeter à l'eau. L'eau était relativement claire et j'ai aussitôt distingué une partie du gaillard avant ainsi que quelques planches éparses et leurs clous cuivrés. C'était bien une épave !

Je suis remonté avec un petit morceau de cuivre que j'ai pu dégager. Les hommes me regardaient anxieusement.

— Oui... Nous sommes tout près de l'épave... Mais un récif corallien rend son approche difficile... Il faudrait plonger à une centaine de pieds plus loin, faut déplacer le bateau, là...

Et je le pointai du doigt.

La remontée avait également mis trop de temps à mon goût. La descente était facile avec les pierres, mais la remontée me mettait hors d'haleine. Les déplacements vers le fond étaient trop lents aussi. Deux problèmes qu'il me fallait résoudre au plus tôt si je voulais que mes plongées soient fructueuses et, surtout, rentables.

Tout d'abord, j'ai demandé qu'on descende une corde avec un grappin ; je pourrais m'en servir pour me donner des poussées vers la surface. Puis un marin, plutôt adroit, débrouillard et bricoleur, a taillé dans de la toile une sorte de rallonge qu'il m'a fixé aux pieds avec de la corde. On aurait dit des pattes de grenouilles. C'était cocasse et curieux, mais dès le premier essai, je me rendis vite compte combien efficaces elles étaient.

À trente mètres environ, j'ai enfin aperçu ce que nous cherchions ; de petites pièces rondes et brillantes qui firent battre mon cœur.

J'étais resté si longtemps que j'eus grand peine à atteindre la surface. Les hommes durent m'aider à monter sur le pont, où je me suis effondré avant de lancer le butin que je serrais dans ma main.

Deux doublons d'or !

Je roulais sur moi-même en tentant de reprendre mon souffle, un besoin d'air que je n'arrivais pas à assouvir.

— Ça va, mon gars ? demanda le capitaine tandis que les hommes, fous de joie, hurlaient en dansant.

Je fis signe que oui d'un hochement de tête.

Je restai allongé un moment, le temps que le capitaine réussisse à calmer l'équipage.

Puis il s'approcha.

— Y en a-t-il d'autres ? s'enquit-il.

— Je pense que oui, répondis-je en m'assoyant. Mais je ne tiendrai pas le coup toute la journée...

Je regardai le jeune plongeur.

— Tu te sens d'attaque pour cette profondeur ?

Un large sourire laissa entrevoir une rangée de dents parfaitement droites et d'une blancheur éclatante.

— Y a qu'une façon de le savoir, ricana-t-il.

J'ai souri aussi. J'aimais bien ce garçon. Quelque part, je me voyais en lui.

Pour sa première plongée, je suis descendu avec Camilius en amenant une longue corde avec nous. D'un, je voulais m'assurer qu'il ne serait pas pris de panique comme je l'avais été quand j'avais atteint cette profondeur. Et de deux, je voulais marquer moi-même l'endroit.

Les choses iraient plus vite par la suite.

Et ce fut le cas.

Cette manœuvre avait peut-être pris tout mon temps, mais Camilius ramassa quelque chose de lourd et brillant qu'il remonta avec lui. Des réaux espagnols, début XVIIe siècle, une vingtaine, collés ensemble par les coraux. Tous les hommes regardaient avec des yeux exorbités. Les images défilaient dans leur tête comme dans leurs yeux et j'imaginais les beaux vêtements, les grandes maisons, les femmes, les enfants et les carrosses tirés par de puissants chevaux blancs auxquels ils rêvaient en ce jour.

Le capitaine semblait être le seul à garder les deux pieds sur terre.

— Maintenant, peux-tu me dire s'il y en a beaucoup ?

Je plongeai mon regard dans le sien.

— Difficile à confirmer, commençai-je. Y a trop de coraux pour une bonne vue d'ensemble. C'est un vrai coup de chance qu'il se soit rappelé cet emplacement, autrement nous aurions eu grand peine à le repérer. Le navire a presque complètement disparu sous la pourriture et les coraux. Mais il semble couvrir une longueur de soixante à quatre-vingts mètres. On se promène autour de la proue présentement, qui est à une vingtaine de mètres sous la surface. Mais la poupe, elle, est bien à dix mètres plus bas...

J'ai dû reprendre mon souffle pour continuer.

— Le périmètre est trop vaste pour un seul homme, il faudra nous relayer si on ne veut pas se faire mourir à la tâche.

Les hommes écoutèrent religieusement. Camilius aussi.

— C'est moi qui plongerai au prochain tour. Reposez-vous en attendant.

L'équipage fut heureux d'entendre le jeune plongeur, qu'on accoutra avec des toiles pareilles aux miennes aux deux pieds.

Et nous attendîmes.

Deux minutes plus tard, il réapparaissait à la surface avec une pièce en or et deux en argent.

— Vous... avez... raison... Y a trop... de coraux... Faudra dégager... le chemin.

Lui aussi avait le souffle court, la pression de l'eau à cette profondeur en faisait voir de toutes les couleurs à nos pauvres poumons.

Mais plus inquiétant encore, sa main était ensanglantée. Les coraux sont parfois tranchants et cela aussi pouvait poser un sérieux problème : les requins.

— À ton tour de te reposer, mon gars, fis-je en posant une main presque paternelle sur son épaule... Et soigne cette plaie si tu ne veux pas être bouffé à ta prochaine plongée.

Je me tournai de bord pour héler l'homme qui s'occupait du matériel.

— Donne-moi un filet que je puisse remplir.

En descendant, j'ai vu un coin plus brillant qu'ailleurs et je m'y suis tout de suite dirigé. De mon couteau, j'ai réussi à arracher d'autres pièces, toujours collées ensemble, et j'ai mis le tas dans mon filet. Ça a pris tout mon temps et j'ai dû entamer ma remontée.

J'avais poussé un peu trop loin cette fois. À ma première bouffée d'air, j'ai bien failli m'évanouir. C'est par la force des hommes que je suis remonté sur le pont.

J'étais étendu sur le pont tandis qu'on comptait les pièces : cinquante-trois. Tout le monde jubilait, mais je n'arrêtais pas de me dire qu'il y aurait dû en avoir plus, beaucoup plus. C'était comme si on ramassait les miettes, comme si quelqu'un était passé auparavant. Les Espagnols utilisaient aussi des plongeurs et plusieurs à la fois, des hommes reconnus pour leur souffle long. J'étais maintenant pratiquement certain qu'ils étaient revenus repêcher leur or, mais je n'en ai pas dit mot. Du moins, pas pour l'instant.

De toute manière, ces quelques pièces faisaient vraiment mon affaire. Je voulais vraiment mon propre bateau et je voulais voir l'avenir s'ouvrir sans embûches devant moi... Margarita ! Oui, Margarita y était pour quelque chose ; chaque minute qui passait me rapprochait d'elle et chaque pièce que je remontais me garantissait un futur brillant. Depuis que mon regard avait rencontré le sien, je me voyais souvent au jour de nos épousailles et je la voyais souvent entourée d'une ribambelle d'enfants.

Le soleil se couchait, la nuit allait bientôt tomber. Nos plongées étaient de plus en plus difficiles, de moins en moins fructueuses. L'eau s'épaississait à vue d'œil, on ne voyait pratiquement plus rien. Nous fîmes donc le décompte de notre précieux avoir et nous appareillâmes vers l'île la plus proche, où une petite baie à l'abri des vagues et du vent nous attendait.

Nous y avons jeté l'ancre et sommes débarqués. Sur la plage déserte, les hommes firent un feu et préparèrent le souper. Le capitaine avait apporté une bouteille de rhum que nous débouchâmes pour l'occasion. Nous avions tous besoin de ces quelques heures de repos et les histoires racontées autour d'un feu sous une nuit étoilée et calme sont encore le meilleur remède à la fatigue.

Nous avions réussi à amasser soixante pièces en argent et une autre en or. C'était plutôt fabuleux pour une première tentative et Dumont fut largement louangé pour l'excellence de sa mémoire et la rapidité avec laquelle il avait localisé l'épave. Nous avions tous hâte au lendemain, moi y compris.

Je me suis ensuite éloigné des hommes. Seul, en retrait, je me suis étendu dans les herbes hautes sous le ciel clair et parsemé. Ce soir-là, je n'ai pas retrouvé mes rêves d'enfance. Je l'imaginai sur cette île déserte, sur le quai avec nos enfants, devant notre maison, tandis que je voguais dans la baie calme vers la sérénité de notre foyer...

— Margarita... murmurai-je dans le doux silence de la nuit.

Margarita, je t'aime.

Les requins ne voulurent pas me lâcher et le bateau ne tenait pas en place. La journée était ensoleillée et les eaux très claires, mais les plongées étaient de plus en plus inquiétantes. Le vent était un peu trop fort et la présence des requins en avait appelé d'autres ; ils formaient un petit groupe maintenant.

J'avais déjà mis beaucoup trop de temps à dégager un énorme morceau de corail plus étincelant que ceux déjà repêchés. Trop lourd pour le souffle qu'il me restait, j'ai dû le laisser au fond.

Je suis remonté en compagnie des requins qui me tournaient autour comme ils auraient tourné autour d'un poisson en détresse. J'étais arrivé sur le pont les mains vides. Tous me regardaient sans parler, les visages empreints d'une réelle déception.

J'ai dû reprendre mon souffle avant d'être capable d'expliquer.

— Le filet est trop lourd... Incapable de le remonter.

Des murmures coururent aussitôt. Les hommes avaient retrouvé la joie.

— Mais y a un problème, continuai-je tout de même. Les requins ne lâchent plus l'épave... Y a trop de mouvement... Ils attaqueront quand nous descendrons.

Il n'en fallut pas plus pour que l'équipage se mette à la recherche d'une solution immédiate et je me suis retiré pour y réfléchir également. Une perche munie d'un bout pointu était la seule chose qui me venait à l'esprit. J'espérais, qu'en les piquant seulement, j'allais pouvoir les éloigner et peut-être même les faire fuir.

Puis un des hommes est revenu avec un goujon de bois d'un mètre environ. Il avait encordé des pointes de fer acérées à un de ses bouts.

Mais les requins n'attaquèrent pas. En arrivant au fond, j'attachai le filet pour que les hommes le remontent et j'ai alors remarqué un petit bloc qui luisait. Je l'ai agrippé et j'ai entamé ma remontée. Les requins me suivirent, mais de loin, sans trop s'approcher.

Sur le pont, les hommes avaient vidé le filet. Les hommes étaient en extase devant son contenu. Une centaine de pièces d'argent luisaient sous le soleil ; des pièces de deux, quatre et huit réaux. Mais il y avait beaucoup plus encore, beaucoup plus. Il y avait un... lingot d'or !

— J'te l'avais pas dit, mon gars ? lança soudain Dumont à mon intention.

Il riait comme un enfant.

Je me levai pour le ramasser et le déposer au creux de sa main. Ses yeux brillaient plus que d'habitude, ils semblaient embués de larmes.

— Je n'aurais jamais pu le faire sans toi, dis-je alors.

Par ce simple geste, j'eus l'impression d'avoir effacé toute une vie de moqueries, de railleries, de désillusions. Il nous regarda un long moment, le lingot et moi, sans dire un mot. Puis il tendit la main pour le prendre, une main tremblante, émue jusqu'à la moelle des os.

J'étais heureux d'avoir suivi mon instinct et d'avoir cru en lui. À présent, tous les hommes faisaient des projets et je pensai à Margarita, celle que j'aimais, en secret.

Deux minutes après avoir plongé, essoufflé et tremblant, Camilius remonta.

— J'ai dû piquer un requin qui a foncé sur moi, expliqua-t-il péniblement.

Il s'était coupé un doigt sur les coraux.

— C'est ton sang qui t'a valu cette attaque, rétorquai-je en lui montrant sa main.

Puis je me redressai pour faire face au capitaine.

— C'est devenu trop dangereux. Ils sont maintenant nerveux, ils ne lâcheront plus l'épave. Faut cesser les plongées.

Entre-temps, les hommes avaient remonté le sac qu'ils vidèrent sur le pont. Camilius avait rapporté une soixantaine de pièces en argent, mais pas d'or.

Les hommes pestèrent bien contre les bêtes qui nous ralentissaient, mais rien d'autre à faire pour l'instant.

En faisant un nouveau décompte, notre butin s'élevait maintenant à deux cents pièces en argent, six en or et un petit lingot d'or. C'était déjà plus que je n'avais espéré.

Il a fallu attendre quatre heures avant de voir les ailerons s'éloigner et une autre heure pour s'assurer qu'ils ne reviendraient pas.

— C'est moi qui descends, annonçai-je au capitaine, en demandant aussi qu'on attache une corde à mon filet.

J'ai nagé un bon moment, mais sans rien voir. Il fallait maintenant changer de place et je m'en suis éloigné. Chemin faisant, j'ai cru remarquer une petite chaîne dont je me suis tout de suite approché. Près d'elle reposaient, incrustées dans les coraux, d'autres pièces que je dégageai en même temps.

Une autre remontée fructueuse avec une pièce en or, trois en argent et un médaillon.

Lorsque nous avions discuté du partage, il avait été entendu que le premier choix me reviendrait de droit. J'étais décidé à me saisir de ce médaillon que je pourrais éventuellement offrir à ma bien-aimée. Les hommes, y compris les pirates, se donnent des codes d'honneur à suivre en mer. J'étais protégé par lui et les ententes que nous avions conclues. Le déplacement avait valu la peine, ne serait-ce que pour ce médaillon. Margarita était devenue ma raison de vivre et le seul vrai trésor que je voulais acquérir.

Camilius remonta avec dix autres pièces d'or, qu'il nous dit avoir trouvées dans la bouche d'un canon.

— Ces foutus Espagnols! clama le capitaine en s'esclaffant. Tout à fait eux!

Camilius affirma qu'il en restait beaucoup d'autres et j'ai, à mon tour, remonté un autre lot, une trentaine de pièces et un lingot d'or. Mais le canon était mal placé pour une nouvelle fouille et notre jeune plongeur remonta bredouille.

J'y retournai quand même une dernière fois avant que le jour ne tombe et j'ai dégagé deux autres pièces, mais j'ai vite compris qu'il nous faudrait déplacer ce damné canon. Nous allions devoir attendre la marée.

— Très bien, fit le capitaine. On reprendra au matin.

Puis il se tourna vers ses hommes.

— Levez l'ancre! On rentre!

Sur l'île où nous passions notre deuxième nuit, je fis les rêves les plus doux. J'avais enfin atteint mon but; toutes les espérances portées par mon enfance étaient, en ce jour, devenues réalité. J'étais enfin maître de moi-même et de ma propre destinée. Je pratiquais l'exploration et la chasse aux trésors comme je l'avais toujours voulu.

Mais bientôt je réalisai pourtant que j'avais découvert bien plus précieux encore que tous les lingots d'or retenus par la mer. À l'autre bout de ce monde, sur une île qui rappelle étrangement la tortue, mot d'où elle tient son nom, j'avais été frappé par l'amour, un amour éternel et sans condition.

Margarita serait mienne, je m'en fis le serment.

CHAPITRE XII

Bien avant le lever du jour, nous nous sommes réunis autour d'un feu pour déjeuner. Les hommes questionnèrent longuement sur ce que nous avions vu au fond. Les yeux brillaient de cette fièvre qui cause la perte des joueurs : la fièvre de l'or.

Plus nous avancions, plus j'étais convaincu que les Espagnols étaient revenus après la bataille pour récupérer leur avoir. Mais je ne voulais pas partager cette impression, le moral était bon et les matelots travaillaient de leur mieux pour nous aider. Par contre, je ne voulais pas leur mentir non plus et j'ai fini par trouver un juste milieu en affirmant :

— Les coraux ne nous aident pas. Nous devrons faire une reconnaissance tout autour de l'épave pour voir ce qu'on peut encore en tirer. Le navire a dû être fendu en deux dans la bataille, il s'est échoué au fond en morceaux. Il est maintenant presque entièrement recouvert.

Une vague de frustration parcourut l'équipage, mais elle fut de courte durée.

— Y en a-t-y un parmi vous qui aimerait apprendre la plongée ?

Par sa question, Dumont avait fait virer le vent de bord et l'humeur avec.

— Donne un plus gros problème à un homme et tu lui fais oublier celui qu'il avait, me murmura-t-il à l'oreille en ricanant.

Et dire qu'on le prétendait fou.

Le temps n'était pas au beau fixe. Quoique la mer resta calme, il pleuvait parfois des clous. Le manque de soleil allait aussi nous compliquer la vie. Le fond serait sombre et notre vue d'autant raccourcie.

Le ciel se dégagea pourtant avec le soleil levant et nous pûmes préparer la première plongée de la journée. Et — Dieu soit loué ! — aucun requin en vue non plus. Ça commençait donc bien, pourvu que ça puisse durer.

Une minute et demie et deux autres pièces de huit réaux. J'ai aussi pris du temps pour fouiller les environs. À la surface, le capitaine demanda :

— Il y en a encore ?

Je sentais que je devais peser ma réponse.

— Ça prendra du temps et plus de travail pour en trouver. Faudrait un troisième plongeur pour nous aider. Faut se défaire des coraux, y en a beaucoup trop. On ne peut pas voir en dessous...

Le capitaine me scrutait, comme s'il attendait un miracle de ma part.

Je hochai la tête et répétai :

— Ça prend un autre plongeur.

Il soupira.

— Bien. J'en parle avec les hommes.

Je restai sur le pont tandis que Camilius sautait à son tour.

Le capitaine revint au moment où il perçait la surface. Il ne ramena qu'une seule pièce cette fois, une pièce de deux réaux.

Le reste de la journée n'a servi qu'à confirmer mes appréhensions. Nous sommes remontés avec un chandelier, quelques poteries et des bricoles, mais rien de grande valeur. Il nous fallait de l'aide. Je savais que nous devions gagner l'île de la Tortue de toute façon, car les provisions viendraient bientôt à manquer. Il était donc temps d'envisager le retour.

Camilius et moi étions assis côte à côte sur le gaillard arrière quand les hommes nous entourèrent.

— Que proposes-tu, mon garçon? demanda le capitaine en leur nom.

Tous me dévisageaient. Camilius leva des épaules et des sourcils en me regardant; il sembla que j'allais avoir le dernier mot.

— Une dizaine de plongeurs, lançai-je sans autres explications.

L'équipage avait compris l'essence du problème, point n'était besoin d'en rajouter. Notre pêche du jour ne laissait plus aucun doute subsister.

Ils acquiescèrent et, en moins de temps qu'il n'en faut pour bourrer une pipe, le matériel fut remonté.

L'ÎLE DE LA TORTUE!

Je me sentais riche, en vie et gonflé d'espoir. Nous avions partagé notre butin. Je reçus cinquante-deux pièces en argent, quatre en or, l'équivalent d'une grosse pépite et le médaillon. J'avais suffisamment gagné en trois jours pour ne pas avoir à me réembarquer et même m'acheter un petit bateau.

Dès que je posai le pied à terre, je partis à la recherche des navires Lafitte. Le plus gros avait levé l'ancre.

Déçu, j'abordai un matelot qui roulait un baril.

— Sais-tu quand ce navire a pris la mer? demandai-je en pointant du doigt en direction des autres, restés à quai.

L'homme leva la tête pour y jeter un coup d'oeil.

— Y a deux jours, répondit-il.

— Sais-tu si Lafitte y est monté seul ou...

J'hésitai un moment tandis qu'il leva un sourcil.

— Tu veux un conseil, mon gars? commença-t-il. Reste loin de cette fille si tu veux garder ta tête.

Malgré l'avertissement, un vent de profonde déception traversa tout mon être.

Je regardai l'horizon en soupirant. ·

Le vieux marin dut ressentir mon chagrin, car il s'approcha. Le ton de sa voix s'était adoucie.

— Ne t'en fais pas, elle reviendra... Elle revient toujours sur l'île. Lafitte est roi et maître ici.

J'ai senti autant de pitié dans la paume de la main qu'il venait de déposer sur mon épaule que dans son regard.

Il me voyait déjà mort et enterré.

Je suis rentré au navire donner les dernières nouvelles et annoncer que je ne réembarquerais pas avec eux.

— Je suis bien heureux pour toi, mon gars.

— Merci capitaine. Vous transmettrez mes salutations à tout l'équipage? Dites-leur qu'ils me manqueront.

— Je le ferai... Mais je reviens dans quelques mois. Si tu changes d'idée, tu es toujours le bienvenu à bord. Y a toujours place pour un bon travailleur sur mon navire... Tu nous manqueras aussi.

Je l'en remerciai en lui serrant la main et je quittai sa cabine.

Dumont aussi était venu faire ses adieux. Il m'attendait au bas de la passerelle.

— Comme ça, tu restes aussi?

Il m'agrippa par l'épaule.

— Mais pourquoi je m'en irais? s'esclaffa-t-il. J'ai jamais été aussi heureux. Grâce à toi, je serai bientôt riche et...

Il baissa le ton de voix pour me susurrer à l'oreille :

— Une jeune et ravissante mulâtre me fait maintenant les yeux doux.

En effet, je ne l'avais jamais vu aussi vivant. Dumont n'était plus le même homme. La Louisiane le tuait à petit feu, chaque jour qui passait creusait sa tombe. Aujourd'hui, il portait des vêtements neufs et son regard brillait d'un éclat nouveau. L'île de la Tortue venait de lui rendre ce bonheur que la Louisiane avait tenté de lui ravir.

Non, Dumont n'était pas fou.

Il avait un rêve. Sa seule erreur avait été d'en parler à qui voulait l'entendre.

La vie demande à être dosée, on peut perdre à trop en dire ou à le dire à n'importe qui. De Dumont à Margarita, je décidai donc de garder mes vues secrètes. Je ne m'en remettrais qu'à moi-même et qu'à mon seul jugement, comme je l'avais toujours fait auparavant. Elle provoquait l'envie certes, mais on la craignait également. Son père avait été clair, il était prêt à tuer pour elle. Les habitants de l'île ne se référeraient qu'à cela, personne ne devrait connaître mes réelles intentions. Non seulement m'éviterais-je alors des embêtements, mais je n'aurais plus à entendre les conseils de ceux qui sont mus par la peur. Une autre bonne leçon à me remémorer de temps à autre. Autrement dit, à ne jamais oublier.

Je logeais dans une petite maisonnée, chez un vieux couple charmant et honnête. J'avais loué une petite chambre à l'arrière, en retrait des autres, que le propriétaire avait aménagée pour un jeune esclave affranchi qu'il avait adopté. La dame m'invitait souvent à leur table ; je crois qu'elle s'ennuyait de ses enfants. Et le vieux, lui, profitait de ma présence pour raconter les histoires que son épouse ne voulait plus entendre depuis longtemps.

Il m'entretint longuement au sujet de son enfance et des pirates qu'il avait connus jadis. Ils venaient sur l'île pour s'y reposer, à l'abri des Espagnols qu'ils maudissaient entre tous. Il n'était pas rare de voir des dizaines de navires ancrés dans la baie à cette époque et l'argent coulait à flot. C'était aussi le temps des auberges qui se remplissaient jusqu'au petit matin où on trouvait les hommes couchés par terre un peu partout, ivres morts et sans le sou.

En ressassant ces souvenirs, il se rappela également les nombreux navires qui furent coulés dans la bataille ou qui s'échouèrent sur les récifs de corail des environs, le long des côtes. On les disait par centaines et on racontait que beaucoup d'entre eux étaient lourdement chargés d'or.

Puis il me parla d'un galion en particulier, parce que celui-ci l'avait frappé davantage.

— On ne peut pas y aller tous les jours. Les vagues sont violentes parfois et les courants plutôt forts...

J'écoutais avec attention tandis qu'il dessinait une carte grossière.

— Mais je m'en souviens b'en parce que je l'ai vu de mes yeux vu quand la mer l'a emporté au fond... C'était la première fois que j'en voyais un en feu, jusqu'au grand hunier qui a piqué par-dessus bord. Pis la coque s'est cassée tandis qu'y rentrait tranquillement dans la mer. C'est pas quelque chose qui s'oublie, ça...

Et voilà que j'étais reparti ; un autre projet prenait forme.

Mais tout d'abord, les plongeurs.

Le mot se répandit comme une traînée de poudre. En moins de deux jours, une cinquantaine avait répondu à l'appel. Dans un premier temps, je les triai selon l'âge, éliminant systématiquement ceux qui n'avaient pas encore fêté leurs quatorze ans et je n'en comptai plus que trente.

Je commençai leur entraînement avec une profondeur de moins dix mètres. Trois d'entre eux présentèrent des problèmes d'oreilles et de sinus et durent abandonner.

Plus que vingt-sept. La sélection naturelle était à l'œuvre.

Entre dix et trente mètres, une dizaine seulement avait tenu le coup et, de ce petit groupe, sous la barre des quarante mètres, seuls six pourraient encore nous accompagner, Camilius et moi.

Deux semaines plus tard, j'avais mon équipe.

C'était plutôt réconfortant de les voir au travail, les meilleurs entraînant les autres, les moins doués se pratiquant avec acharnement ; tous ceux qui voulurent rester trouvèrent leur place. Vingt-cinq au total, qui seraient employés selon leurs aptitudes, les épaves n'étant pas situées à la même profondeur.

Camilius avait pris son rôle très au sérieux et les hommes aimaient bien plonger avec lui. Il était jeune, vigoureux et attentif, une vraie mère poule.

Pendant ce temps, les bateaux de Lafitte faisaient la navette, du port où nous étions amarrés à un autre, situé de l'autre côté de l'île. Tous les jours, j'y jetais un coup d'œil en espérant revoir le navire principal à quai.

Puis un matin, tandis que je me tenais sur le gaillard avant à planifier notre prochain départ avec le capitaine et les quelques plongeurs présents, je le vis soudain.

Très loin là-bas, aux confins de l'horizon, sous le ciel parfaitement bleu et parsemé de nuages dont la blancheur se reflétait sur la mer derrière eux, le vent soufflait sur nous pour me la ramener.

Margarita... Mon amour.

En apercevant le navire, mon cœur s'était emballé. Il battait maintenant à tout rompre. Il fallait que je rentre. Il fallait que je rentre immédiatement.

Je débarquai sur le quai sans me rendre à la maisonnée où je logeais, pour courir vite vers elle.

J'arrivai près du carrosse alors qu'elle montait, je venais de la manquer de justesse.

Alors je restai là, haletant, me mourant d'amour jusqu'à tout en oublier.

Tout en elle criait sa féminité ; la façon dont elle tenait la jupe de sa robe, la petitesse de sa taille, le long ruban noué sur ses reins et même sa démarche lorsque soutenue par son père tandis qu'elle gravissait le marchepied ne reflétaient que grâce et beauté. Margarita Lafitte était la plus belle femme que la terre n'avait jamais vue naître.

Nous devions lever l'ancre le lendemain, dimanche. Un éclair frappa alors mon esprit. J'allais pouvoir la revoir.

Spirituel mais non pratiquant, je prétextai néanmoins, pour retourner à la messe, la chance que nous avaient apportée nos prières au cours de nos trois premiers jours de plongée. Les matelots sont, pour la plupart, superstitieux. Il suffit parfois d'un rien pour ébranler leur certitude. Nous nous sommes donc endimanchés pour aller à l'église, comme nous l'avions fait auparavant.

J'étais nerveux et j'avais grand peine à tenir en place. Le capitaine, qui commençait à vraiment bien me connaître, leva un sourcil inquisiteur en me voyant.

— Je n'te savais pas aussi pieux, mon gars...

Il s'avança pour se rapprocher de mon oreille.

— Y aurait pas plutôt une jolie fille là-dessous ?

Mon cœur fit un bond, mais je m'abstins de le montrer.

Les hommes étaient déjà partis et le capitaine, lui, devait rester à bord. J'étais heureux à l'idée de ne pas l'avoir sur les talons.

À l'église, je remontai la même allée qu'au premier jour où je l'avais rencontrée. Elle y était, son père à ses côtés.

Je n'avais d'yeux que pour elle et mon cœur l'appelait.

Quand vint le temps de la communion, elle quitta son banc en se tournant en ma direction. Puis nos regards se croisèrent et tout mon être s'enivra.

Elle s'arrêta un moment, un court, court moment, pour me faire un sourire et mon cœur battit si fort que je crus m'évanouir.

En route vers l'épave, accoudé au gaillard avant, j'observais la mer. J'étais obsédé par la même question : comment faire pour lui parler, lui dire que je l'aimais ? Ma passion était si totale et entière que je n'arrivais pas à trouver les mots pour décrire ce que je ressentais. Quoiqu'il me fallait tout d'abord résoudre le problème posé par la constante présence de son père, il me faudrait encore lui avouer mon amour.

Plus je pensais à elle, plus je réalisais qu'elle avait été ce que j'avais cherché depuis toujours. Je n'avais jamais cru au hasard et voilà que je comprenais pourquoi j'avais tant désiré devenir pirate. Seule une vie de corsaire pouvait me conduire ici, sur l'île de la Tortue, où elle m'attendait.

Mais comment faire pour l'approcher sans me faire trancher la gorge ?

La bourgeoisie, donc mon éducation et mes bonnes manières, allait peut-être enfin me servir. Le père y attachait beaucoup d'importance, j'en étais certain. Je devais l'apprivoiser, l'impressionner même. Il avait sûrement déjà entendu parler de ce que je faisais ; dans les petites communautés, les nouvelles vont vite. Si je me démarquais des autres, je piquerais très certainement sa curiosité. Je devais donc me garder droit et me bâtir une solide réputation, les habitants de l'île feraient le reste.

Margarita, tu ne m'as pas attendu en vain. Je serai là bientôt. Je serai là, prêt de toi.

Nous jetâmes l'ancre au même endroit. Je plongeai en compagnie de deux plongeurs pour montrer l'endroit où nous devions creuser, c'est-à-dire à quelque vingt-cinq mètres au sud de la proue. Aussitôt, les plongeurs se mirent à l'œuvre, mais bouger le fond ainsi avait très vite rendu les eaux troubles. On n'y voyait plus rien et nous sommes tous trois remontés les mains vides.

Après les vingt minutes estimées pour que le sable, les débris et les coraux se redéposent, deux autres plongeurs prirent la relève. Ils remontèrent chacun une pièce, mais ils avaient les mains en sang. Les jeunes sur le pont étaient tous excités, ils nous rappelaient nos premiers jours.

Pour ma part, je n'arrêtais pas de songer aux requins. Trop de sang allait nous les attirer, j'en avais bien peur.

Je suis redescendu avec le plus jeune cette fois. J'ai mis la main sur une dizaine de pièces que je mettais dans mon filet quand un mouvement soudain attira mon attention. Le jeune était pris de panique et remontait à la surface : j'étais resté trop longtemps pour lui.

Je cessai mes fouilles en pestant contre moi-même et je suis parti par derrière lui. À une dizaine de mètres de la surface, je l'ai vu relâcher tout son air. J'étais sûr maintenant qu'il allait se noyer.

Je me dépêchai de le rejoindre, mais l'équipage avait noté l'anomalie. Deux plongeurs avaient sauté pour lui porter secours.

Sur le pont, il était étendu, inconscient.

— Il a respiré sous la surface, me cria Camilius.

— Je sais, répliquai-je simplement.

J'étais déjà près de lui et je poussai instinctivement sur ses poumons. Au bout d'une minute, il recracha l'eau qu'il venait d'avaler.

— Ça va, mon gars ? lui demandai-je aussitôt qu'il ouvrit les yeux.

Il me fit signe que oui.

— Ta journée est finie, mon garçon. Tu t'occuperas des plongeurs jusqu'à demain.

Mon ordre ne laissait aucun doute possible et tous comprirent.

Nous avions été chanceux dans notre déveine. Le jeune s'en était sorti vivant et j'avais remonté dix pièces en argent.

 L'équipage tout entier retrouva sa bonne humeur ; on remit le jeune sur ses pieds et deux autres plongeurs se jetèrent à l'eau.

Ils remontèrent comme je l'avais suggéré, avec leurs filets bourrés de coraux qu'ils avaient attachés à des cordes maintenant tirés par les marins à bord. J'avais ainsi limité leur temps de plongée au strict minimum, car j'avais réalisé qu'ils devaient s'habituer graduellement à ces profondeurs.

Les coraux étaient morts et noircis par la vieillesse. En les brisant, nous découvrîmes deux pièces en or et une trentaine en argent.

J'ai replongé en compagnie d'un autre jeune, mais au souffle un peu plus long. Je m'en suis néanmoins tenu à mes instructions et nous avons empli nos filets de coraux. Nous repêchâmes une centaine de pièces en argent mais pas d'or.

Nous avons gardé cette routine jusqu'à la tombée du jour et pendant les trois jours qui suivirent. Plus de quatre mille pièces en argent et trente en or furent ainsi déterrées. Mais la semaine d'après, nous sommes pratiquement revenus bredouille ; une vingtaine de pièces tout au plus. L'épave était à sec, en tout cas pour les moyens dont nous disposions. Nous décidâmes donc de l'abandonner.

Cette deuxième chasse au trésor m'avait rapporté cent cinq pièces en or et cent cinq en argent, ce qui représentait beaucoup à l'époque. Je pourrais vivre facilement deux ans sans travailler. Avec mon petit bateau, je pourrais également commencer à pratiquer le commerce le long des côtes et partir à la chasse de cet autre navire. J'avais conservé la carte grossière dessinée par le maître de la maison où je logeais.

Pour l'instant néanmoins, je n'avais qu'une idée en tête : Margarita !

Plus le temps passait, plus j'avais l'impression de m'en rapprocher.

CHAPITRE XIII

À notre retour, j'ai tout de suite remarqué que le *Pride* était encore amarré. Les deux petits bateaux qui l'accompagnaient souvent étaient aussi ancrés et je trouvai curieux qu'ils n'aient toujours pas repris la mer.

Je débarquais à peine quand un matelot m'interpella.

— Monsieur ! Le capitaine Lafitte vous demande à bord...

Mon cœur a fait un drôle de bond en entendant ces mots. Je me suis senti mal à l'aise. J'avais cherché un moyen d'entrer en contact avec lui sans vraiment en trouver un et voilà que le destin s'en mêlait sans que j'aie à planifier davantage. Avait-il eu vent de mes intentions ? Connaissait-il mes sentiments pour sa fille ? Je n'en avais pourtant parlé à personne.

Il se tenait debout sur le pont.

Je suivis le matelot et montai sur la passerelle sans trop savoir à quoi je devais m'attendre.

Sa prestance impressionnait. Grand et large d'épaules, richement vêtu, il avait aussi le port fier et droit.

J'eus l'impression qu'il me scrutait de l'intérieur et je fondis presque sous l'insistance du regard. Jean Lafitte était un meneur d'hommes, pas de doute là-dessus.

— J'ai entendu parler de tes exploits...

Et voilà, nous y étions.

— Tu plonges dans des profondeurs jamais atteintes, paraît-il ? J'avais donc réussi à l'impressionner également.

— J'ai quand même certaines limites, rétorquai-je humblement. Il aima la réponse, un sourire tranchant sur son visage.

— Nous avons perdu le gouvernail d'un de ces bateaux, m'expliqua-t-il. Peux-tu le retrouver au fond ?

En réalisant ma chance, j'ai dû faire appel à toutes mes forces pour ne pas m'emballer et crier ma joie. Jean Lafitte avait besoin de moi !

— Tout dépend de la profondeur des eaux.

Son sourire s'était élargi davantage ; je crois qu'il apprécia mon honnêteté.

— Peut-être trente ou même quarante mètres, rien n'est certain.

Je pesai ma réplique avec un hochement de tête avant de répliquer :

— C'est très profond, commençai-je, le plus posément possible. Je peux vous promettre d'essayer demain, mais... rien n'est certain.

Sans attendre mon reste, je baissai les yeux et virai les talons pour prendre congé.

Tant et aussi longtemps que je fus à portée de vue, je sentis son regard délibérément posé sur moi.

Au matin, le bateau était prêt à lever l'ancre. Une vingtaine d'hommes avaient déjà tout préparé. En fait, ils n'attendaient plus que moi pour appareiller.

Je montai à bord pour me rendre compte que tout l'attirail dont j'aurais éventuellement besoin s'y trouvait. J'ai fait le tour et rien ne manquait ; Lafitte s'était très bien informé à mon propos. Il connaissait ma façon de travailler, dans les moindres détails. Un frisson me parcourut l'échine, il n'était pas question de le décevoir.

À quelques minutes du port, en mer, nous jetâmes l'ancre. Le capitaine me fit alors signe de commencer mes recherches. J'agrippai alors une corde et une pierre pour me jeter à l'eau. Je suis descendu à une bonne trentaine de mètres, mais je n'ai rien vu et je suis remonté.

— Un peu plus par là, m'indiqua le second qui était présent lors de l'accident.

Après avoir complètement repris mon souffle, je replongeai.

Un autre trente mètres de profondeur, mais une reconnaissance qui fut vaine encore.

— Pas facile de déterminer l'emplacement exact, me dit le second. Nous avions un bout de chemin de fait lorsque nous nous en sommes aperçu.

— Peut-être vaudrait-il mieux concentrer nos efforts un peu plus loin, lui suggérai-je.

Il acquiesça et nous nous dirigeâmes sur le gaillard arrière, où je plongeai pour la troisième fois.

J'approchai facilement les quarante mètres en priant le ciel pour que ça s'arrête. Les miracles à cette profondeur peuvent rapidement tourner aux cauchemars et je n'avais aucune envie d'y laisser ma peau.

Peur d'être pris de panique comme je l'avais déjà été autrefois, je lâchai ma pierre qui continua toute seule son chemin. Je n'y voyais pas grand-chose et j'allais remonter quand, soudain, j'entendis un bruit plutôt strident. La pierre venait de frapper quelque chose de métallique.

Je scrutai le fond longuement et vis enfin cette forme vaguement ressemblante au gouvernail que nous cherchions.

Je suis remonté en ligne droite à la surface et j'ai crié pour qu'on me lance une corde avec une loupe ainsi qu'une grosse pierre.

Ils maintinrent la pierre quelques instants, le temps que je passe la loupe de la corde autour de mon pied. Puis je l'agrippai en leur faisant signe de lâcher.

Je retrouvai très vite le reflet cuivré qui avait attiré mon attention. En toute hâte, je m'y dirigeai. Je passai la loupe de la corde de mon pied à une de ses extrémités et je tirai un bon coup dessus pour m'assurer de sa prise.

Sans perdre une seconde de plus, je remontai à la surface. J'étais exténué. La première bouffée d'air m'occasionna de sérieux étourdissements et je dus me laisser flotter un moment pour ne pas couler.

Les hommes tiraient déjà sur la corde qui avait été attachée à des poulies. Le capitaine me fit hisser à bord avant de déplacer le bateau en direction du rivage où les eaux peu profondes aideraient à la manœuvre.

Près des côtes, le gouvernail fut enfin remonté sur le pont et j'en fus d'autant soulagé.

Margarita, mon amour... C'est pour toi que j'ai défié Dieu et Diable en ce jour.

Lorsque je débarquai, Jean Lafitte vint à ma rencontre. Il me remercia chaleureusement pour mes efforts.

— Ce que j'ai entendu à ton sujet était donc vrai. Je te suis gré, mon gars.

— Heureux de constater que vos doutes se sont envolés, capitaine. Peut-être aurai-je l'occasion de vous servir encore, un jour. Je suis heureux d'avoir pu vous aider.

Il leva un sourcil.

— Ton langage est éloquent. Tu montres de bonnes manières aussi. Signe qu'on t'a prodigué une bonne éducation. Je suis heureux de l'apprendre...

Jean Lafitte était un homme intelligent.

— J'enverrai un homme te chercher en fin de matinée demain. Nous discuterons un moment en prenant le thé...

Un large sourire fendit son visage.

— Mais je dois d'abord prévenir ma femme pour qu'elle prépare ton arrivée à sa façon...

Maintenant, il riait.

— Sinon, elle me fera pendre, haut et court.

Je l'en remerciai d'une solide poignée de main, autre signe d'une force de caractère confirmée.

Le pirate venait de reconnaître ma valeur et, du même coup, je venais d'atteindre mon but. Pour approcher Margarita, j'avais décidé qu'il me fallait être irréprochable tout en dévoilant de par mes faits et gestes le rang que j'avais jadis occupé dans la bourgeoisie, et j'avais vu juste en agissant de la sorte. À son tour, Jean Lafitte avait été impressionné. Maintenant, il m'invitait à rencontrer sa famille. C'était la récompense de toutes les récompenses : j'allais pouvoir ouvertement bavarder avec sa fille.

Margarita... Mon rêve se concrétisait.

CHAPITRE XIV

Il était encore tôt lorsque je suis rentré et je m'arrêtai chez un couturier qui vendait, entre autres, des habits hors de prix pour un simple matelot.

Dès que je poussai la porte, le marchand me jeta un regard soupçonneux.

— Ta bourse trouvera ce que tu cherches sur les étals qui longent le port, mon garçon. Ici, il n'y a que...

Je le coupai aussitôt.

— Ne vous inquiétez pas pour ma bourse, maître couturier. Elle peut largement répondre à vos attentes, croyez-moi. Faites-moi plutôt essayer ces habits, répliquai-je en pointant du doigt une veste d'un vert foncé et sobre ainsi qu'une redingote assortie.

Fier de mes nouveaux achats, je me mis ensuite à la recherche d'un petit bateau. J'eus toutefois moins de chance de ce côté et je décidai d'aller m'informer auprès du chantier naval. En bout de ligne, j'avais suffisamment gagné pour commander la construction d'un navire qu'on pourrait me livrer sous peu à cause de sa petite taille. Je n'ai dit ni oui ni non. Tenaillé par la faim, la fatigue et l'émotion, je préférai pour l'instant rentrer à la maison.

Je devais me lever tôt le lendemain ; la famille Lafitte assistait à une messe que je n'aurais voulu manquer pour rien au monde.

Les cloches sonnaient encore quand j'entrai à l'église. Les paroissiens arrivaient à peine, l'allée était déserte et les bancs avant, inoccupés. Je m'avançai dans l'allée de gauche et pris un banc à la hauteur où je me situais la première fois qu'elle m'avait vu. Je voulais voir Margarita mais sans exhiber mon audace. Il valait mieux patienter que tout foutre en l'air.

Puis l'église s'emplit et la famille arriva.

La messe me parut beaucoup plus longue qu'à l'habitude et le sermon de l'ecclésiastique, ennuyeux. Alors qu'il nous mettait en garde contre les foudres de l'Éternel et la menace de l'Enfer, mon cœur s'extasiait et se mourait d'amour. Mais où était donc ce Dieu infiniment bon et infiniment aimable que nous décrivait le vieux curé de mon enfance? Celui dont l'essence même était motivée par la tolérance et le pardon?

Puis les cloches sonnèrent et les fidèles s'en furent, tout aussi calmement qu'à leur arrivée.

Margarita tourna sur elle-même pour quitter son banc. Elle s'engagea dans l'allée centrale où je me dirigeais également. Elle leva les yeux et rencontra tout à coup les miens. Son visage s'empourpra aussitôt. Je lui fis un sourire auquel elle répondit également.

Le capitaine remarqua les joues de sa fille et jeta un regard inquisiteur sur moi. Je me sentis aussi gêné qu'elle et détournai le regard à mon tour.

Je me hâtai ensuite vers la porte en pensant que je venais de commettre une grossière erreur, mais il m'aborda.

— Nous prenons le thé en début d'après-midi. Peut-être pourrais-tu te joindre à nous. Nous pourrons alors bavarder plus longuement.

J'avais cessé de respirer.

— Avec plaisir, capitaine, balbutiai-je maladroitement.

Il prit sa fille par le bras pour l'entraîner au carrosse qui les attendait.

Et je restai là un moment, à contempler ma belle, la vie et la chance qui venait de me sourire.

J'arrivai à treize heures précises. Un valet vint m'ouvrir en me faisant signe de le suivre et j'emboîtai son pas silencieusement.

La maison était grandiose et magnifique. Elle me rappelait Portsmouth, nos jardins et notre demeure. Le gigantesque lustre qui parait l'espace cathédral au plein centre de l'entrée principale ressemblait en tous points à celui que ma mère avait tout spécialement commandé de Londres et le large escalier en bois d'où émanait une odeur de cire fraîche s'ouvrait en éventail, comme pour inviter avec noblesse et grâce jusqu'à l'étage supérieur quiconque le regardait. Je l'admirai en sachant pertinemment que personne n'oserait jamais s'y aventurer mis à part les propriétaires, les invités qu'ils recevaient et peut-être les voleurs. D'ailleurs, je me surpris à aimer la classe et la bourgeoisie qui habitaient ces lieux, comme si elles venaient soudainement de trouver leur raison d'être.

Puis le pas du valet s'arrêta momentanément devant les immenses portes doubles du grand salon, qu'il poussa vers l'intérieur et Jean Lafitte vira la tête de notre côté.

— Bienvenue dans mon humble demeure, mon garçon, dit-il en se levant pour me tendre une main ferme mais chaleureuse.

— Le plaisir est vraiment pour moi, capitaine. Je suis honoré de l'attention que vous me portez, répondis-je en me dirigeant vers le fauteuil qu'il venait tout juste de me montrer.

Il sourit.

— Benjamin, je vous prie, ordonna-t-il, servez une liqueur à Monsieur et laissez-nous.

Le valet s'exécuta puis se retira aussitôt.

— Je te dois beaucoup, mon gars, commença-t-il ensuite.

J'écoutai scrupuleusement.

— Sans toi, je n'aurais pas pu reprendre la mer avant des semaines. En retrouvant mon gouvernail, tu m'as épargné bien des tourments...

Je saluai du front en guise de toute réponse. Il comprit le signe et en fut satisfait.

— Ta modestie m'enchante, tout comme tes bonnes manières et... tes accomplissements. J'avoue avoir été impressionné par...

Mais il fut subitement dérangé dans son discours. Sa femme et sa fille entraient maintenant dans la pièce.

Nous nous sommes levés et je saluai à la manière dont ma mère me l'avait appris, ce qui toucha ouvertement l'épouse du capitaine.

Ce qu'on disait à son propos était des plus vrais. Malgré ses quarante ans, l'épouse de Jean Lafitte était d'une incroyable beauté. Margarita lui ressemblait tant qu'on aurait dit son portrait. De ses yeux transcendaient aussi la vie, l'intelligence et une profonde assurance. Aucun doute là-dessus : c'était une femme d'expérience, à la fois posée et redoutable, tout comme l'était son mari.

— Je suis heureuse de vous accueillir chez moi, fit-elle avant que son époux n'ait le temps de la présenter.

— Tout le bonheur est pour moi, Madame.

Et mon regard put enfin et sans retenue se poser sur l'Amour qui dévorait mon cœur.

J'entendis vaguement le capitaine faire les présentations.

— Et voici notre fille, Margarita...

Nous avons tous deux rougi, je crois. J'avais pris sa main dans la mienne avec la plus sincère émotion. J'avais le sentiment de ne jamais plus pouvoir détourner mon regard d'elle. J'étais subjugué par la finesse de ses traits, la petitesse de sa taille, les boucles de ses cheveux dorés sous les rubans de soie et par les grands yeux clairs desquels transcendaient tant de vivacité, de douceur et d'amour.

Margarita, Margarita, Margarita...

J'aurais répété son nom à l'infini. Elle était la plus belle femme au monde, la plus désirable aussi.

Le couple Lafitte dut noter l'étincelle qui brillait dans nos regards, car tous deux me pressèrent de questions.

Je décidai de jouer franc-jeu, de peur de tout perdre s'il en venait un jour à apprendre la vérité.

— Ma mère est native de France. Du Havre, pour être plus exact. Mon père est un armateur fortuné et très connu... Jean Pitt, de qui je tiens ma nationalité. Je suis né à Portsmouth, en Angleterre.

J'avais quelque peu hésité à ces derniers mots, de peur de créer un certain remous.

Mais tel ne fut pas le cas.

— Ses navires font la navette entre l'ancien et le nouveau continent...

Les enchaînements se succédèrent à un rythme effarant. Je me sentais étourdi. Margarita me dévisageait sans dire mot. J'étais maintenant certain qu'on me mettait à l'épreuve, mais j'aurais traversé les enfers pour elle.

Lorsque le temps vint de me confesser, pour la deuxième fois, j'ai bien cru que j'allais m'évanouir. Mes mains étaient devenues moites et mes jambes s'affaiblissaient.

Je m'entendis raconter mes mésaventures avec la Marine royale anglaise, mes déboires avec l'officier et la façon dont j'avais déserté, puis je me suis tu. C'était l'instant de vérité, la fragile et frénétique seconde où tout se joue, où tout est mis dans la balance, où l'équilibre parfait se mesure entre la perte ou le gain à venir. Un moment d'une intensité presque insoutenable où j'ai senti le regard de la famille posé sur mon âme ainsi mise à nue.

Un mélange de désespoir et de compassion tirait les traits de ma bien-aimée. Margarita sentait très bien le sérieux du moment. La mère restait stoïque, décidée à ne prendre parti qu'après les recommandations de son mari.

Et Jean Lafitte finit par trancher.

— J'ai autrefois fait la guerre contre les Anglais et les Espagnols au profit des Américains... Je ne rumine pas de rancune contre les individus, mais bien contre les gouvernements et leurs dictatures seigneuriales...

Un vent frais et léger sembla traverser la pièce tandis que nous relâchions notre souffle.

Jean Lafitte ne me tenait pas rigueur pour cette vilaine entorse au devoir qui aura failli, en bout de ligne, ruiner toute ma vie et je me laissai choir sur le dossier de mon fauteuil.

Puis je continuai simplement mon histoire, comme il me l'avait demandé.

Je parlai de mes études à l'école de navigation, de mon départ de l'Angleterre, du bateau sur lequel je m'étais embarqué pour le Canada et de l'autre qui m'avait amené jusqu'en Louisiane.

Le capitaine me regardait en souriant. Quelque chose m'échappait dans son attitude. J'eus bientôt l'impression qu'il en savait beaucoup plus que je ne l'avais imaginé, comme s'il avait déjà investigué sur ma personne. Et je me sentis soulagé par ma décision, celle d'adopter le droit chemin, celui de la vérité.

— Je vous envie, lança tout à coup Margarita sans que nous nous y attendions. Tous ces voyages et toutes ces aventures ! Peut-être pourrai-je un jour également visiter tous ces endroits merveilleux que vous avez vus...

Ses yeux brûlaient d'amour ; notre coup de foudre était donc réciproque.

Le capitaine dut considérer que j'étais un bon garçon ou, tout au moins, avait-il respecté mon courage et ma détermination car je fus invité de nouveau le lendemain, pour le dîner.

Je m'y présentai avec de nouveaux habits achetés la veille, à mon retour. J'avais pensé aussi à commander des fleurs et des rubans de soie pour les dames de la maison ainsi qu'une bouteille de vin d'un cru plutôt rare et recherché, ce qui sembla confirmer aux yeux de la famille le rang que j'avais jadis occupé dans la société.

Comme dans toute bonne famille anglaise, les maîtres occupaient chacun le bout de l'immense table. Margarita et moi étions installés sous leur tutelle, c'est-à-dire face à face en son milieu.

Les couverts étaient d'une grande richesse, un savant mélange d'argent, de porcelaine et de cristal qui confirmait l'aisance financière dont le couple tirait sa fierté. Quant aux valets, ils se succédaient les uns aux autres avec des plats dont la diversité, le fumet et le service venaient encore me rappeler mon enfance ainsi que la nôtre, notre tablée.

Instinctivement, je me surpris à remercier le ciel pour les leçons d'étiquette et de bienséance alors imposées par ma mère et contre lesquelles je me soulevais avec tant de véhémence, mais sans lesquelles je n'aurais jamais pu aujourd'hui faire si bonne impression.

— Quels sont tes projets, mon gars ? demanda le capitaine en me tirant de mes pensées.

— La plongée est pour moi un travail des plus passionnants et je connais l'emplacement de plusieurs épaves laissées à l'abandon...

Entre deux bouchées, il enchaîna :

— Aurais-tu envisagé le transport de marchandises ?

J'ai avalé de travers en anticipant sa pensée. Peut-être désirait-il me voir embarquer avec lui et, si tel était le cas, il me fallait trouver un moyen d'y échapper sans toutefois offusquer ses bonnes intentions.

— J'ai bien pensé m'acheter un petit bateau, en effet... Mais pour l'instant, la pêche n'est pas terminée. Peut-être plus tard y reviendrai-je.

— Oui, s'esclaffa-t-il, comme s'il avait entièrement saisi le coup magistral que je venais de porter pour me défaire du filet dans lequel je me croyais déjà empêtré. D'après ce qu'on m'en a rapporté, tu te débrouilles royalement bien en cette matière.

— Disons que mes sources sont sûres et qu'elles ne m'ont pas encore trahi à ce jour.

— Cessez donc ce bavardage d'hommes d'affaires en peine d'ouvrage et de contrats, reprocha tendrement sa femme qui, pour sa part, s'intéressait davantage aux sentiments de sa fille. Dites-moi plutôt, jeune homme, si vous comptez fonder une famille et vous établir définitivement sur l'île.

J'ai rougi en balbutiant qu'effectivement telle était mon intention.

Si j'avais réussi à facilement voir venir le père, les femmes, elles, m'étaient vraiment imprévisibles. Avec toute l'aisance du monde, madame Lafitte m'avait soutiré la réponse qu'elle espérait.

En rentrant à la maison ce soir-là, je regardai la pièce d'or que le capitaine m'avait donnée pour ma peine et mes pensées se tournèrent vers Margarita, que j'avais tant souhaité pouvoir prendre dans mes bras.

Le capitaine m'avait mis au fait de son départ. Je me suis donc rendu sur le quai le lendemain pour lui souhaiter bon voyage, sachant très bien que sa fille s'y trouverait également.

Lorsque les navires embrassèrent l'horizon, je demandai à ma bien-aimée si je pouvais la raccompagner chez elle.

— Merci. J'apprécie votre attention... Mais peut-être pourrions-nous marcher un peu, c'est une si belle journée.

— Avec plaisir, rétorquai-je aussitôt en lui offrant mon bras.

Un valet, ou plutôt un chaperon, pour ne pas dire un homme de garde, emboîta notre pas à quelques mètres à peine derrière. Je jetai un rapide coup d'œil sur lui en me disant qu'il valait mieux ignorer sa présence et profiter pleinement de cet instant béni accordé par la vie.

Nous avancions lentement tandis qu'elle regardait les étals, les échoppes et les fleurs que je m'amusais à nommer par leur nom.

— Rares sont les hommes qui en connaissent autant sur les fleurs, vous...

— Le jardinier, coupai-je en levant les sourcils, ce qui la fit rire.

— Le jardinier ? s'enquit-elle, curieuse.

— Oui, le jardinier... J'étais enfant unique et je passais mon temps libre avec lui... L'été, il m'apprenait les secrets de la pêche et le nom des plantes de notre jardin ainsi que leurs propriétés médicinales et leurs bienfaits.

Elle montra un réel ravissement.

Je me sentais fier de ce que je savais.

Une autre heure s'écoula ainsi, à boire ses paroles, à répondre à ses questions, à l'amuser avec mes pitreries, mais aussi à m'enivrer de son parfum, de sa fragilité, de son innocence et de sa fraîcheur.

Je me levai au premier chant du coq. J'avais rêvé d'elle toute la nuit. J'étais excité et emballé par la tournure que prenaient les événements. J'aimais une femme qui m'aimait en retour, avec la même force et la même passion. Avant de la quitter la veille, j'avais demandé à la revoir et voilà que j'y retournais pour le dîner. Margarita avait visiblement confié ses sentiments à sa mère qui s'avérait maintenant être une complice attentionnée et qui favorisait très ouvertement nos rapports. S'il m'avait fallu gagner le cœur des deux dames avant le retour du maître de maison, alors j'avais gagné. J'étais un homme comblé, littéralement comblé.

L'avant-midi me parut interminable. Les secondes mettaient des heures à passer et les minutes, insupportables, s'égrenaient à la vitesse des éternités. À midi tapant, je n'y tins plus et je quittai prestement mon modeste logis pour me rendre à la demeure familiale.

Je sonnai et quelle ne fut pas ma surprise! Le valet n'était pas venu répondre; j'étais visiblement plus qu'attendu.

Son visage angélique était paré du plus beau des sourires. Ses yeux pétillaient d'une joie intense et sans aucune retenue. Je la regardai un long moment; sa robe, blanche, légère et pure comme un de ces flocons de neige canadienne, ses longs cheveux d'or qui ondulaient au-dessus de sa taille affinée par le large ruban vert soigneusement choisi en rappel des couleurs du printemps et ses bras aux poignets minuscules qui attestaient de sa féminité. Tout en elle transcendait de beauté et de grâce : un rayon de soleil matinal venu sur terre pour adoucir ma vie...

Un frisson parcourut mon échine, j'en oubliai toutes les convenances.

— Tu es magnifique, murmurai-je avec envie.

Ses pommettes rougirent tandis qu'elle baissait les yeux.

— Merci, c'est vraiment gentil de votre part...

Je fis un pas en avant pour l'arrêter dans son discours.

— Margarita, je t'en prie. Appelle-moi par mon nom... Le temps des vouvoiements est passé, je t'aime et je sais que tu m'aimes aussi.

Si ce n'avait été de sa mère qui, tout à coup, apparut derrière elle, je l'aurais prise dans mes bras et je l'aurais embrassée avec toute la fougue contenue dans ma passion.

— Monsieur Pitt, nous coupa-t-elle.

Son pas résonna avec une cadence qui ne laissait planer aucun doute. La grande dame avait reconnu nos élans, et sa détermination voulait les ralentir.

— Je suis heureuse de vous revoir parmi nous... Entrez, je vous prie. Margarita vous conduira au salon où nous prendrons un rafraîchissement avant de passer à table...

Comme un enfant surpris avec le biscuit qu'il venait tout juste de chiper à la cuisinière, je balbutiai :

— Merci, Madame. Vos attentions me touchent.

Et pendant le dîner, nous avons échangé sur tout et sur rien. Une conversation banale et contrôlée par sa mère avec justesse et fermeté. Je compris qu'aucun écart ne serait permis, il me fallait m'armer de patience ; la partie était peut-être gagnée, mais madame Lafitte me rappelait que l'avenir restait encore incertain.

Nous avions parlé musique à un certain moment et la maîtresse de maison proposa un intermède. Nous changeâmes de pièce et Margarita joua un morceau. Ses doigts parcouraient ou pinçaient les cordes avec tellement de certitude que j'en fus ravi.

Je n'avais jamais entendu cet air et pourtant...

En l'écoutant, je sombrai dans les rêves les plus fous, m'imaginant à ses côtés pour l'éternité. Je la regardai au travers la nostalgique mélodie et j'eus l'impression d'avoir retrouvé l'âme que j'avais tant cherchée dans ce passé-ci et dans tous les autres d'avant. Depuis le début des temps, Margarita avait toujours été mon âme sœur et maintenant que nous nous retrouvions, nous nous jurerions encore l'un à l'autre jusqu'à la fin des temps.

Il fallait que je lui dise et il fallait que je le sache. M'avait-elle également reconnu? Ses doigts couraient sur l'instrument avec une telle émotion; songeait-elle à la même chose en cet instant?

La dernière note résonna sur mon cœur qui en frémit de bonheur. Madame Lafitte applaudit sa fille en jetant un regard sur moi et j'en fis autant.

— Joué ainsi, ce morceau était sublime, affirmai-je ensuite avec beaucoup d'émotion.

— Ce n'est pas son seul talent, je vous l'assure, renchérit sa mère.

— Je vous crois sur parole, répondis-je. Comment pourrait-il en être autrement? Votre beauté et votre intelligence sont son plus bel héritage. Le capitaine est un homme comblé.

Margarita sourit devant le compliment lancé à sa mère.

— Peut-être aimeriez-vous maintenant vous dégourdir un peu... Nous pourrions marcher sur la plage.

Madame Lafitte comprit le message de sa fille et, avec élégance, se retira.

— Si cela ne vous ennuie pas, je préfère plutôt la sieste...

J'en fus enchanté, mais je contins mon excitation.

— Mon valet personnel vous accompagnera.

Benjamin se tenait à quelques mètres derrière. Nous pouvions donc bavarder sans qu'il nous entende. Les instructions avaient été claires : il devait chaperonner, mais sans déranger.

Je lançai un bref regard en sa direction pour m'en assurer avant de demander :

— As-tu déjà connu l'amour avant aujourd'hui?

— Oui, répondit-elle simplement et sans détour.

La gifle m'atteignit droit au cœur, la peur qu'un autre homme ait laissé une marque indélébile...

Elle remarqua le changement dans mon humeur et s'empressa de reprendre.

— J'ai connu l'amour au premier jour où nos regards se sont croisés...

Elle s'était arrêtée, le vent soufflait en faisant lever ses boucles blondes. Une mèche lécha son beau visage et de mes doigts, j'effleurai tendrement sa joue pour ramener la rebelle sous le rebord de son chapeau.

— Il n'y a eu personne d'autre avant toi.

Nous nous somme revus le mercredi suivant, puis le lendemain et un autre jour encore, tantôt avec sa mère tantôt avec le chaperon. Puis un jour, sur la plage, tandis que nous nous enfoncions dans la mer et que Benjamin était occupé à ramasser des coquillages, nous échangeâmes notre premier baiser.

Ce fut elle qui fit le premier pas, après que je l'aie prise dans mes bras pour la garder contre une vague qui menaçait de l'emporter. Ses lèvres effleurèrent les miennes avec tant de sensualité que j'en eus le frisson. Je le lui rendis aussitôt avec passion mais délicatesse. Je me suis senti élevé à la hauteur des étoiles, j'étais au paradis.

— Je t'attendais, susurra-t-elle à mon oreille. Je t'ai toujours aimé, Jean et je t'aimerai pour l'éternité à venir.

— Je t'aime aussi Margarita. Ma vie m'a guidé jusqu'à cette île pour que je t'y trouve. Je t'ai toujours cherchée, toi et aucune autre.

Une larme perla au coin de ses yeux.

— Petite fille, je racontais à ma mère qu'un prince allait un jour venir à l'église. Je lui disais aussi que je saurais en le regardant et c'est ce qui s'est passé lorsque je t'ai vu. Je t'ai reconnu dès notre premier regard. Mon cœur s'est mis à battre à toute allure et j'ai rêvé de toi toute la nuit.

Je n'arrivais plus à détacher mes yeux d'elle.

— Quant tu t'es tournée vers moi, ce jour-là, la foudre m'a frappé. Je t'aime Margarita et je veux t'épouser.

— Je serai ta femme, Jean... Et je porterai tes enfants.

Nous attendions maintenant le retour du capitaine avec impatience. J'allais lui demander sa main. Margarita avait déjà obtenu le consentement de sa mère. La grande dame de la maison désespérait pour sa fille qui repoussait systématiquement tous les prétendants qu'on lui présentait. Dès qu'elle fut en âge, la jeune fille clama haut et fort qu'elle attendrait l'amour de sa vie, celui qu'elle avait vu dans le rêve de ses lointains passés, ces passés qui hantent la mémoire et qu'on ne raconte pas de peur d'être incompris. Madame Lafitte pouvait enfin concevoir l'idée d'être grand-mère et la qualité de mon éducation garantissait à ses petits-enfants le plus bel héritage, celui d'une vie facile et aisée.

Les nouvelles vont vite sur les îles et dans les petites communautés. Les gens de mon entourage commencèrent à me parler d'elle, de notre relation. Nous nous fréquentions maintenant ouvertement et la rumeur d'un mariage éventuel courut plus vite que le temps et l'espace qui nous séparaient de son père. Ne restait plus qu'à souhaiter que les espions à sa solde ne lui rapporteraient pas la nouvelle en de mauvais termes. Margarita me rassura du mieux qu'elle put, mais mes inquiétudes allaient grandissantes au fur et à mesure que nous approchions de son retour.

Les semaines passèrent et notre amour s'affirmait davantage chaque jour. L'été s'avançait, le soleil avait réussi à gagner sur le fond basané de sa peau de pêche. J'appris alors qu'une aïeule de madame Lafitte était noire de naissance, une esclave affranchie qui avait trouvé aux côtés de l'homme blanc le confort et la sécurité. Margarita était native de la Louisiane, elle portait ce legs en elle.

Et je l'aimai d'autant plus.

CHAPITRE XV

Des navires apparurent à l'horizon. Mon cœur battait de plus en plus fort, au fur et à mesure qu'ils se découpaient, qu'ils se précisaient. Un grand et deux petits. Pas de doute possible : le capitaine rentrait.

Je craignais encore la réaction du pirate. J'espérais que sa femme et sa fille aient le temps de lui décrire le sérieux de notre relation avant qu'il me demande. Dieu seul savait comment ses hommes avaient pu lui rapporter la nouvelle. Margarita m'avait assuré qu'elle enverrait un messager aussitôt qu'elles en auraient terminé avec leur entretien. J'ai attendu toute la journée, en vain. Et lorsque la nuit fut tombée et que j'eus enfin réussi à trouver le sommeil, ce ne fut que pour mieux cauchemarder, jusqu'au petit matin.

J'étais sur la planche du navire, devant des hommes enragés. Le capitaine avait fait appeler les requins, qui n'attendaient plus que moi. Je me tenais là, les mains liées dans le dos, en regardant les ailerons fendre la surface dans de grands cercles, tandis qu'un marin sortait son épée du fourreau. Lafitte avait ordonné qu'on me tranche la tête avant de me jeter par-dessus bord. J'entendais le martèlement d'une jambe de bois sur le pont quand...

Je me réveillai !

Un homme frappait à ma porte. Je sautai au bas de mon lit, tremblant et en en sueur.

L'homme insistait.

J'allai ouvrir.

— Un message pour vous, dit-il en me tendant une missive.

Je la pris et hochai simplement la tête en guise de remerciement.

Le capitaine me faisait demander.

Un valet me répondit.

Il n'osa pas lever les yeux et dès lors j'anticipai le pire. Même la maison avait changé, la gaieté que j'y retrouvais à chacune de mes visites avait complètement disparu. J'avais maintenant les mains moites et mes jambes commençaient à drôlement menacer de ne plus pouvoir supporter mon poids très longtemps. Entre la planche de mes rêves et cet instant, la planche me parut moins amère.

Le valet m'amena au salon où je les avais rencontrés la toute première fois. La famille y était réunie. Je jetai un coup d'œil sur Margarita et remarquai avec joie qu'elle n'était pas en larmes mais la mère, elle, me souriait maladroitement.

— Bonjour Monsieur, saluai-je tout d'abord, en français.

Il ne répondit pas.

— Madame Lafitte, Margarita, fis-je ensuite sans oser m'en approcher. Le capitaine me toisa d'un regard sans émotion, presque froid.

— On me dit que tu fréquentes ma fille depuis mon départ. Ma femme m'a mis au fait de votre désir, à tous deux...

Quoiqu'il fit une pause, je me suis abstenu.

— Aimes-tu ma fille ? L'aimes-tu vraiment ?

Je fis un pas vers lui.

— Oui, Monsieur, je l'aime vraiment et... et si vous vouliez y consentir, je souhaiterais l'épouser.

Un long silence plana dans le grand salon qui m'apparaissait maintenant tout petit. Le capitaine jeta un regard sur sa femme et sa fille qui attendaient le verdict avec impatience. J'avais cessé de respirer et Margarita le suppliait des yeux.

— Je te sais vaillant et courageux, mon gars. On m'a également rapporté le respect que tu lui as porté au cours des trois derniers mois... Et je sais aussi qu'elle t'aime...

Il se leva.

— Margarita, viens ici.

Elle se leva, tremblante.

— Veux-tu cet homme pour époux ? demanda-t-il en prenant sa main dans les siennes.

— De tout mon cœur, père.

Une larme coula sur sa joue tandis qu'il me la donna pour femme.

Nous pleurions tous les deux lorsque je l'embrassai.

Les femmes furent ensuite renvoyées, elles avaient beaucoup à faire pour la noce. Le capitaine avait promis la célébration du mariage avant la fin de l'été et le bonheur avait aussitôt regagné la maison.

— Nous avions choisi de très bons partis pour notre fille... Mais comme tu le sais probablement déjà, Margarita a toujours refusé de fréquenter les jeunes hommes qu'on lui présentait.

— Oui, capitaine. Elle me l'a mentionné.

— Elle a confié à sa mère qu'elle t'attendait...

Il avait un ton très grave.

— Ne la déçois pas.

Son regard était très éloquent.

— Je ferai tout en mon possible pour la rendre heureuse, soyez-en assuré.

Il relâcha sa tension.

— Bien... Maintenant, parle-moi de tes projets d'avenir.

J'ai pris le siège qu'il me montrait, devant lui.

— Je compte m'installer sur cette île de manière définitive. Votre fille et vos petits-enfants resteront ainsi près de vous. J'aime cet endroit, plus que n'importe quel autre. Je m'y sens bien et j'y suis heureux.

Le pirate hocha la tête de contentement.

— Et que feras-tu pour gagner ta vie ?

— De la plongée... Le coin fourmille d'épaves et je me débrouille plutôt bien sous l'eau.

— Pas de doute là-dessus, répondit-il en ricanant.

— Mais je prévois également m'acheter un petit bateau et faire le commerce de marchandises dans les îles, jusqu'à La Nouvelle-Orléans.

Devenir le gendre Lafitte était synonyme d'aisance financière, j'en étais convaincu. Le sourire de mon futur beau-père en disait d'ailleurs très long à ce sujet. Par contre, l'idée de devoir m'en remettre à lui ou à sa fortune me répugnait. Pour ne pas blesser la générosité d'un homme qui aurait donné tout ce qu'il possédait pour le bonheur de sa fille, je l'assurai de façon détournée que l'argent ne manquait pas et qu'elle trouverait toujours la facilité à mes côtés.

Plus tard, au dîner, en présence de tous, la date fut fixée. Trois mois, trois longs mois à attendre.

Nous nous fréquentions tous les jours, et plus j'étais près d'elle, plus je brûlais de désir. Et lorsque Margarita réussissait à parer le chaperon et me voler un court baiser, je voyais transcender la même envie dans ses yeux.

Par un beau matin, je me suis assis pour écrire à ma mère ; j'aurais tant donné pour qu'elle soit là. Dans ma lettre, je la remerciai pour l'éducation qu'elle m'avait donnée et je lui promis d'élever mes enfants selon ces mêmes principes. Je lui parlai également de ma femme, de la vie qui m'attendait et de mon bonheur, mais je ne fis aucune allusion aux avoirs de sa famille et encore moins à la façon dont son père avait acquis sa richesse et son pouvoir. Puis je lui demandai d'en glisser un mot à mon père, de lui dire que maintenant je comprenais ses motifs et combien je regrettais la suite des événements qui leur avaient tant causé de chagrin. Je terminai en leur assurant tous deux que je les aimais tendrement et que je pensais souvent à eux. Peut-être un jour, quand les années auraient passé, pourrai-je les revoir...

Je me regardais dans le miroir, j'étais vêtu comme un prince. Cela ne l'empêcha pourtant pas de refléter l'image d'un homme nerveux.

Une noce grandiose avait été planifiée, rien n'avait été omis ou laissé au hasard. Ce moment allait être mémorable, il marquerait les habitants de l'île. Les Lafitte s'attendaient à ce que la nouvelle se répande jusqu'en Louisiane et peut-être même dans toutes les Caraïbes. Le pirate voulait voir passer ce mariage dans les annales de l'histoire et tout avait été pensé en fonction de cela.

Hormis ce détail, j'étais quand même heureux comme jamais je ne l'avais été auparavant Le rêve de tous mes rêves se réalisait enfin. Non seulement avais-je trouvé le plus merveilleux de tous les trésors enfouis sur cette terre, mais Margarita serait aussi bientôt mienne à tout jamais. Je ne pouvais pas contenir ce bonheur, mon visage rayonnait. Chaque fois que mes pensées se tournaient vers la foule qui serait témoin de nos vœux, mes jambes se mettaient quand même à trembler.

— Vos chevaux, Monsieur. Ils sont là, vint m'annoncer le valet que madame Lafitte avait fait mettre à ma disposition.

Je l'en remerciai d'un signe de tête. Il se retira.

Dumont s'approcha derrière.

— Qui aurait dit un jour que tu deviendrais le gendre Lafitte...
On a eu peur pour toi, pour ta tête... Faut être fou pour convoiter
la fille du pirate qu'on murmurait entre nous...

Il riait comme un enfant.

— Mais t'as plongé et tu l'as b'en gagné, c'trésor-là aussi !

— Je ne l'aurais jamais rencontrée si tu ne m'avais pas traîné
jusqu'ici. Je te dois également beaucoup.

Il m'empoigna par les épaules et me serra très fort, à la
manière des matelots, c'est-à-dire d'un coup solide, rustre et
maladroit. Ses yeux débordaient de larmes. Si je lui avais rendu
l'espoir en croyant ses dires, c'était lui qui avait guidé mes pas
jusqu'à l'île de la Tortue.

Nous arrivâmes à l'église. Je descendis de cheval pour aller
prendre ma place, debout, entre le prêtre et l'assemblée conviée
pour l'occasion.

Des curieux, de pauvres hères et des mendiants à l'affût d'une
quête possiblement rentable s'amassèrent aussi dehors, mais les
gardes à la solde du pirate les maintenaient en retrait.

Les portes de l'église restèrent ouvertes en attendant le carrosse Lafitte qui s'avança tranquillement. On déroula le marche-
pied et le capitaine descendit. Puis il se tourna pour offrir une
main à sa fille.

Et mes yeux s'écarquillèrent d'émerveillement.

Dans sa longue robe blanche aux innombrables dentelles fine-
ment brodées, Margarita étincelait comme la nacre d'une perle
immaculée. Mes genoux plièrent malgré eux. J'étais enivré. Tous
les hommes me dévisageaient avec envie. Même Dumont me
regarda en levant un sourcil qui en disait long sur sa pensée.

Margarita était magnifique, j'étais un homme comblé et
envié.

La maison était pleine à craquer. Les cadeaux donnés à ma femme nous meublèrent presque complètement. Mon beau-père m'offrit un navire, un deux mâts de vingt mètres tandis que je comprenais le drôle de petit sourire qui avait illuminé son visage le jour où nous nous étions entretenus après que j'eus demandé sa main. Le temps de nous installer, madame Lafitte avait vu à la préparation de leur maison d'été et du personnel requis pour son entretien. Rien ne manquait plus à notre bonheur, Margarita se fondait en remerciements et fondait parfois en pleurs.

Nous quittâmes tôt ce jour-là. Ma femme prétexta la chaleur et la fatigue pour se retirer.

Nous nous rendîmes à la maison d'été.

Notre lune de miel dura trois jours pendant lesquels nos corps rattrapèrent avec avidité tous les moments perdus à rêver l'un de l'autre sans pouvoir assouvir notre passion. Tantôt enlacés avec fougue et emportement, tantôt tendrement et avec pudeur, nous partageâmes notre amour, notre soif l'un de l'autre, nos rêves ainsi que nos désirs les plus fous.

Dès le premier jour, Margarita se montra une complice aimante et sincère. Elle me voyait comme l'âme qui lui fut un jour ravie et qui fut laissée en arrière par un destin mesquin, cruel et moqueur. Elle considérait notre union comme un dû, un juste retour des choses qu'elle avait patiemment attendu.

J'éprouvais les mêmes sentiments envers elle. J'aimais sa façon d'être et de penser et j'adorais la simplicité avec laquelle elle exprimait son amour.

Je passai donc l'an de grâce 1824 auprès de ma femme et les jours fuyaient comme du sable entre mes doigts. S'il existait un paradis sur terre, j'y étais.

Et ma femme s'y trouvait avec moi.

CHAPITRE XVI

La vie d'un marin plonge toujours les familles qui restent à terre dans l'inquiétude : les tempêtes qui rendent la mer déchaînée, les avaries sur le navire, les attaques des pirates, les maladies à bord, ou le temps qui vous sépare de l'être aimé sans nouvelle aucune, se maintenaient cruellement et avec constance dans les pensées des épouses, des mères et de leurs enfants.

Depuis quelque temps, je prévoyais donc un court voyage, question de voir comment ma femme réagirait, séparée de moi. Une cargaison de lard fumé était attendue en Jamaïque, et le peu de distance qui nous en séparait nous permettrait également de revenir chargés de fruits. Quatre à cinq jours tout au plus, en comptant le temps passé à terre.

Après une vingtaine de minutes à la serrer tout contre moi, je la quittai.

Margarita resta sur le quai jusqu'à ce que le navire se fonde dans l'horizon, tandis que je m'installai sur le gaillard arrière à scruter le port, jusqu'à ce que l'île elle-même ne soit devenue qu'un point méconnaissable au-dessus de la mer.

— Faut pas t'en faire, mon gars. Le père est encore sur l'île et la mère est jamais b'en b'en loin... Tu le retrouveras bientôt, ton ange.

En me parlant, Dumont m'avait asséné une tape amicale dans le dos. J'étais vraiment content de l'avoir à mon bord.

La traversée s'était effectuée sans anicroche. La mer était relativement calme et paisible, malgré le vent qui nous poussait à bon port.

Nous accostâmes au petit matin. Le marchand n'était pas encore là, et j'en profitai pour descendre à terre, histoire de me familiariser avec les lieux. Mais c'était un port, et tous les ports se ressemblent, quoique celui-ci était peut-être un peu plus petit.

Je traînai sur le quai jusqu'en début d'après-midi, où je donnai l'ordre qu'on décharge.

Et le marchand arriva.

En quelques minutes à peine, l'affaire fut conclue tandis que ses hommes entamaient déjà le chargement de ses chariots.

J'ai ensuite donné une permission à mes hommes.

Et je suis allé m'étendre sur le pont, où je commençai aussitôt à rêver, en me demandant comment je pourrais arriver à vivre sans elle à mes côtés. Elle me manquait tellement.

Je n'ai pas eu à réfléchir pendant des heures pour trouver la solution à mon problème. Les épaves tapissaient le fond marin autour de l'île : la plongée me garderait près d'elle.

Heureux, je portai mon attention sur le ressac et le doux clapotis de l'eau contre la coque. Bientôt, je tombai endormi.

Lorsque nous eûmes terminé le chargement de la cargaison de fruits, un vent violent atteignit les côtes.

Dumont vint aussitôt me rejoindre sur le pont.

— C'est du suicide que de prendre le large, avec un ciel qui menace tout ce qui flotte d'être envoyé au fond.

Je scrutai les nuages, sans répondre.

— Attends demain, mon gars, insista-t-il, sinon ta femme se trouvera veuve.

Il me connaissait bien, le vieux loup de mer. Il savait saisir les hommes.

Au matin, la tempête s'était calmée. Nous avons levé l'ancre. J'étais pressé de rentrer. Ma femme devait être morte d'inquiétude, tout comme je l'étais moi-même, parce que je savais que la tempête avait également flirté avec l'île, et les dégâts causés dans le port, au cours de la nuit, laissaient présager le pire.

Le ciel était dégagé et sans nuages, mais les vents étaient beaucoup moins forts qu'à notre premier passage. Le voyage de retour me parut interminable, ce qui ajouta davantage à mon anxiété.

En apercevant le point minuscule sur l'horizon, je soupirai. C'était comme si, quelque part, j'avais imaginé que l'île entière pût avoir été envoyée au fond. Puis, j'en scrutai les détails et je les vis se préciser, jusqu'à ce que je puisse enfin la reconnaître sur le quai. J'aurais juré qu'elle portait la même robe. Margarita me donna l'impression de ne jamais l'avoir quittée.

Je sautai à terre pour courir vers elle, qui venait se jeter dans mes bras.

— J'ai eu si peur de te perdre, me lança-t-elle dans un sanglot. Je vous imaginais en mer et...

Je la serrai si fort sur mon cœur que j'ai bien cru un moment l'étouffer.

— Rien ne m'arrivera, je t'en fais le serment. Je serai toujours à tes côtés.

Elle déposa un baiser tremblant sur mes lèvres et je compris que je ne pourrais plus la quitter.

Au cours des jours qui suivirent, je cherchai de nouvelles informations au sujet des navires qui auraient été coulés dans la région. La plongée revenait comme étant ma meilleure alliée, celle qui me permettrait de rester auprès de ma femme.

Le capitaine du bateau que j'avais loué lors de notre première expédition m'avait également entretenu d'une histoire, celle d'un navire espagnol qu'un vieux pirate s'était vanté d'avoir vu sur des récifs à moins de vingt mètres de profondeur. Des ragots cousus de fil blanc, que j'ai très vite laissés tomber.

Je passai donc le plus clair de mon temps dans les échoppes, dans les tavernes et sur le quai, à collectionner les récits de batailles ou d'accidents. Les vieillards étaient les plus éloquents et leurs descriptions étaient riches en détails de toutes sortes. Je n'ai pourtant pas réussi à localiser un emplacement réel et suffisamment de certitude pour nous lancer dans un nouveau projet. Les gens ont tendance à colorer leurs récits selon les humeurs locales. L'histoire d'un navire devient souvent tout autre lorsqu'elle nous parvient d'ailleurs. Si j'avais pu manœuvrer seul mon navire, j'aurais fait monter Margarita à bord. Mais les matelots sont superstitieux ; une femme à bord était encore de mauvais augure et cela aurait été pire que de la laisser à la maison.

Je ne voulais plus la quitter, mais je ne voulais pas vivre des rentes de mon beau-père.

C'était l'impasse. Rien d'autre.

Et le temps passa, sans que je le voie vraiment, ou sans que je ne m'engage sérieusement dans un quelconque projet. J'étais heureux et fasciné par les nouvelles rondeurs de son corps. Ses yeux brillaient aussi d'un éclat que je ne lui connaissais pas. Margarita était enceinte : nous attendions notre premier enfant.

Elle voyait un peu plus souvent sa mère, et toutes les deux s'amusaient à préparer la venue du bébé. Le capitaine, lui, naviguait encore dans les eaux mexicaines ; il affichait d'ailleurs un certain retard.

Un dimanche, alors que nous faisions un pique-nique sur le haut d'une colline qui donnait sur la mer, ma femme s'est tout à coup levée.

— Papa ! souffla-t-elle, presque pour elle-même.

Je virai la tête et vis les voiles de ses navires.

— Il a frappé la tempête en mer, me dis-je, en ramassant le panier pour rejoindre ma femme qui dévalait la pente.

Lorsque nous arrivâmes au port, la chaloupe accostait avec le père et six hommes à bord. Margarita alla se jeter dans ses bras.

En serrant sa fille dans ses bras, il sentit le léger renflement et la poussa un peu pour regarder son ventre.

Margarita souriait à pleines dents.

— Tu... Tu es...

Elle fit signe que oui, en tendant une main vers moi.

La poignée de main avait été chaleureuse et très ferme. Le pirate était visiblement content.

Nous sommes rentrés à la maison, qui était littéralement en effervescence. La cuisinière donnait des ordres qui faisaient courir tout son monde. Madame Lafitte avait mis les autres à l'ouvrage, elle aussi. On mettait le plus beau couvert dans la grande salle à manger, on changeait la literie de ses appartements privés, on coupait et remplaçait les fleurs dans tous les vases et on servait le thé et la liqueur dans le salon, où il prendrait quelques minutes pour se reposer avant de passer à table.

Margarita et sa mère étaient allées se rafraîchir avant le dîner.

— Vous semblez contrarié, en profitai-je alors pour demander.

Il s'était lourdement laissé choir dans son fauteuil.

— Margarita m'a dit que la tempête t'a forcé à terre...

— Tout à fait. Il a fallu attendre une journée pour quitter la Jamaïque. Son visage se renfrogna.

— Nous n'avons pas eu cette chance. La tempête nous a surpris en mer... J'ai perdu un navire et la moitié de son équipage.

Le pirate avait été fortement secoué.

— J'en suis vraiment désolé, répondis-je, en comprenant maintenant pourquoi il avait évité le sujet de son voyage avec sa famille.

La dame de la maison nous convia à table. L'air triste et morose, qu'elle tentait de dissimuler sous le sourire qu'elle se donnait, montrait qu'elle avait entendu notre conversation, mais madame Lafitte fit mine de rien.

Son émotion sembla échapper au capitaine qui l'avait à peine regardée et j'admirai sa femme pour le respect qu'elle venait de porter envers l'attitude de son mari.

Je n'en rajoutai donc pas davantage. J'emboîtai simplement leurs pas vers la salle à dîner.

Margarita nous y attendait. Elle était resplendissante. Son visage rayonnait de bonheur. Ses yeux pétillaient de malice et d'amour, comme ceux des jeunes enfants.

Le capitaine sortit vingt pièces d'or de la bourse qu'il gardait en permanence dans sa veste.

— Voici, pour l'aîné de votre famille. Ses études sont maintenant garanties.

Margarita sauta au cou de son père.

— Merci... grand-père !

Elle ricana à ces derniers mots.

Le capitaine avala de travers tandis que sa femme s'esclaffait aussi.

— Attention à son vieux cœur, Margarita. Ton vieux loup de mer de père vient de prendre un dur coup...

Les femmes étaient si enjouées qu'elles m'arrachèrent un ricanement que j'essayai tant bien que mal de contenir.

Et le capitaine finit par se laisser gagner.

— Grand-père ! Quel coup de vieux, en effet ! Je ne l'avais pas encore réalisé...

Nos éclats de rire atteignirent bientôt le personnel qui rentrait et sortait, sourire aux lèvres.

CHAPITRE XVII

La réparation des avaries causées par l'ouragan aux deux navires qu'il avait ramenés demanda quelques semaines. Mais à peine furent-ils remis en état que le capitaine annonçait son départ pour les Bahamas. Sur le chemin du retour, il comptait également faire un saut en Floride. Un voyage d'un mois environ, qu'il nous offrit de faire avec lui.

À l'idée de partir avec son père, Margarita fut enchantée. Avant notre rencontre, elle avait souvent navigué à bord du *Pride* et les Bahamas occupaient une place privilégiée dans son cœur. Elle s'y était fait beaucoup d'amies, et les revoir pour partager les nouvelles de son mariage et la venue du bébé la rendait vraiment heureuse. Mais lorsque je l'appris, je suis devenu nerveux.

Plus nous approchions de la date, plus mes nuits étaient hantées par de terribles cauchemars. Je me réveillais souvent en sueur. Torturé jusqu'au fin fond des tripes par un drôle de pressentiment, j'étais pourtant incapable de l'exprimer. Et mon cœur battit de peur et d'anxiété jusqu'à ce que je décide de le raisonner.

En fait, je me sentais mal à la pensée de trahir ma confiance envers un homme qui m'avait redonné famille et rang, richesse et avenir, mais surtout femme et enfant. Le capitaine Lafitte était à la fois un homme de tête et un homme de cœur. Sa générosité n'avait d'égal que son combat. Il était trop près de sa famille pour tenter quoi que ce soit avec elle à son bord. Margarita avait toujours été en sécurité avec lui. Je n'avais donc rien à craindre de ce voyage.

La voilure était prête, elle n'attendait plus que nous.

Margarita monta la première, presqu'en courant. Elle était belle et enjouée, excitée par le voyage que nous entreprenions ensemble.

Les hommes levèrent l'ancre et le vent gonfla les voiles.

Nous prîmes la mer, tandis que la femme du pirate regardait le navire s'éloigner.

— Ma mère n'assiste jamais à nos départs... d'habitude.

Je fus pris de vertige et je n'entendis pas le reste. Ce début de phrase me rappela le visage de sa mère au petit matin. Elle avait les traits tirés, les yeux rougis et boursoufflés. Madame Lafitte avait prétexté faire de la fièvre, mais voilà que le pressentiment contenu jusqu'ici me disait maintenant qu'elle avait pleuré, toute la nuit.

Un doute traversa alors cruellement mon esprit. Ressentait-elle aujourd'hui ce que moi-même j'avais ressenti ?

En me retournant, je vis un matelot se signer. La mer était calme et belle, mais les hommes tentaient quand même de conjurer le mauvais sort : la présence d'une femme à bord portait malheur sur les eaux.

Margarita sombra très vite dans un sommeil profond et réparateur, le mien étant des plus agités. Je me réveillai en sursaut et trempé de sueur. C'était une nuit tropicale, chaude et lourde d'humidité, et j'attribuai avec plaisir ce nouveau cauchemar à une mauvaise digestion.

Je poussai délicatement ma femme pour sortir du lit et aller prendre l'air. J'allai m'accouder quelques instants sur le gaillard avant. Je regardais les étoiles dans le ciel clair, en me demandant d'où provenait la lourdeur du temps, quand l'homme de quart vint m'y rejoindre.

— Vous êtes plongeur qu'on dit... et bon avec ça !

Il avait à peu près mon âge et ses yeux pétillaient de vie.

— Oui, murmurai-je en reportant mon attention sur la mer. Je suis plongeur.

— Y a longtemps que je navigue avec le capitaine, y en a coulé plusieurs, c'est moi qui vous l'dis... Les Espagnols, vous savez ?

Mais je ne répondis pas.

— Y a une méchante dent contre eux, not'e capitaine... C'est comme si qu'c'était le diable en personne qui se manifestait quand y voit un galion à l'horizon...

Quoique je ne répliquais toujours pas, j'écoutais néanmoins avec attention.

— Y leur a jamais pardonné, à ces damnés cubains... Même si y en parle jamais, on sait tous comment y ont dû le traiter. Y déboutonne jamais son collet, y r'monte jamais ses manches de ch'mise... Y étaient forts pour torturer un homme, ces enfants d'putes...

En comprenant la haine qui devait le motiver, j'eus peur.

Je n'ai rien contre la religion, mais je ne suis pas pratiquant non plus. Néanmoins, cette nuit-là, j'ai levé les yeux au ciel pour entamer une prière.

Les jours s'écoulèrent paisiblement. La mer était clémente et sereine, et de bons vents nous menaient tranquillement à bon port. Margarita s'occupait avec des broderies et moi, avec l'ouvrage ou les matelots.

À bord de tous les navires, il y a toujours un conteur. Celui qui naviguait avec nous était plutôt âgé, et son bagage semblait vraiment inépuisable. Des galions espagnols, il en rapportait partout, en Louisiane, en Jamaïque, à l'île de la Tortue, aux Bahamas, en Floride et aux alentours de tous les ports qu'il avait visités. C'était comme si toutes les guerres et toutes les batailles s'étaient déroulées sous ses yeux. D'ailleurs, que ses histoires aient été dramatiques ou comiques, vraies ou mensongères, n'avait aucune espèce d'importance, du moins aux dires de ses compagnons. Sa façon de les raconter était captivante, et le vieillard garantissait toujours d'amusantes soirées.

Cette nuit-là, il me confia que deux marins gardaient en permanence le fond de la cale, fermée et interdite à tous. Lafitte conservait avec lui une partie de son trésor. Le reste, le plus gros en fait, était caché en Louisiane, dans les bayous, quoique personne ne savait vraiment où.

Avec un grand parleur comme celui-là, ai-je songé, le pirate avait vraiment intérêt à ne rien dire sur l'emplacement exact de sa fortune.

Puis, je suis retourné au lit pour essayer de dormir quelques heures avant le lever du jour, et je rêvai de bataille navale et de piraterie jusqu'au petit matin.

Margarita était très excitée à l'idée de revoir ses amies. J'étais heureux de toucher la terre. Nous avions débarqué sur une île splendide, entourée de vastes plages au sable blond et chaud, où de petits villages pittoresques nous attendaient.

Margarita me guidait au travers des rues étroites parsemées d'étals, où les marchands exposaient les marchandises acquises au port. Elle s'amusait sincèrement ; j'étais content pour elle et je la suivais, en me laissant simplement entraîner par son enthousiasme.

Nous y sommes restés deux jours, temps que le capitaine mit pour mener à terme ses affaires. Et nous sommes rentrés au navire, qui avait été chargé avec de la poudre et des boulets de canon. On aurait dit des munitions pour une bataille déjà prévue.

J'en eus des frissons.

Le pirate refusa de révéler notre prochaine destination, ainsi que le temps requis pour s'y rendre. Je pensai alors que nous allions à cette île au trésor, où le sien se trouvait. Effectivement, nous jetèrent l'ancre dans une petite baie, à l'abri des vents, et juste à temps pour éviter une tempête d'une rare violence qui s'amorçait dès notre arrivée.

Lafitte donna l'ordre de descendre une chaloupe, dans laquelle je pris place avec ma femme. Il nous indiqua l'entrée d'une grotte naturelle qu'il aurait vue du pont. J'aurais juré qu'il m'avait menti et qu'il connaissait cet endroit avant même de l'avoir vu. Nous n'y étions pas par hasard, j'en étais certain.

Je ramais en regardant les hommes s'activer sur le navire; deux ancres étaient descendues et des cordes amarrées aux rochers des rivages.

La tempête s'est déchaînée, faisant méchamment lever des lames horrifiantes, déracinant les arbres comme des brins d'herbe tendre, poussant des nuages qui déchiraient le ciel avec férocité. Le tonnerre résonnait dans la grotte avec véhémence, les éclairs frappaient le sol en menaçant de l'ouvrir et d'engouffrer l'île entière. Les dieux devaient s'acharner sur le navire que nous ne pouvions pas voir, mais que nous imaginions secoué comme une vulgaire coquille de noix. Ne restait plus qu'à espérer qu'il puisse tenir le coup. La baie était entourée de montagnes, les vents s'y frappaient en ralentissant, mais l'orage soufflait avec une force démentielle. Une vingtaine d'heures passées à flirter avec les enfers et leurs démons.

La tempête avait été dévastatrice. Dieu soit loué, il n'y eut aucun mort. Quelques blessés, tout au plus. Cette île n'était pas notre destination première. Le pirate nous y avait amenés parce qu'il avait pressenti l'orage et qu'il connaissait bien ces lieux. Il savait que nous y serions en sécurité. En mer, nous aurions été envoyés au fond.

CHAPITRE XVIII

Nous avions repris la route de la Floride. La mer était maintenant calme, je reprenais tranquillement confiance et Margarita se remettait de ses émotions.

Quelque temps après notre départ, néanmoins, j'entendis l'homme crier du grand hunier.

— Bateau en vue !

Le capitaine avait levé la tête.

— Navire espagnol !

Mon cœur fit un bond ; ce foutu pressentiment venait encore l'affoler...

Le temps de rejoindre le capitaine, et les hommes étaient déjà réunis autour de lui.

— Poste de combat, cria-t-il, tandis que je me figeais d'effroi derrière.

— Non ! criai-je ensuite, en poussant tous les hommes qui se trouvaient sur mon chemin.

Il se retourna pour me faire face. Les mots du conteur ressurgirent dans mon esprit : c'était comme si le diable lui-même m'apparaissait.

— Non ! Margarita est à bord !

Le branle-bas de combat était déjà amorcé, on montait les mousquets sur le pont, on se ceinturait d'épées et de fourreaux, on chargeait les canons, deux hommes faisaient la navette entre le pont et la poudrière.

Nous approchions du navire.

— Descendez dans la cale...

Je restais stupidement figé sur place, j'avais les yeux exorbités d'horreur. J'avais accordé ma confiance à un homme dont la folie meurtrière ne pouvait pas être raisonnée. Je m'en voulais à mort. Je me sentais trahi, de toute part...

— C'est un ordre! hurla-t-il méchamment.

Nous avancions dangereusement sur le galion. La proie était facile, la tempête l'avait frappé. Le navire avait déjà subi de graves avaries.

Les canons étaient prêts.

Il était presque à portée, je n'avais plus que quelques secondes.

Margarita arriva sur le pont. Elle vit le bateau et réalisa ce qui se préparait.

— Non! cria-t-elle alors qu'elle fondait en larmes.

Le capitaine me fusilla du regard.

— Va! Maintenant, que j'te dis!

Je reculai tout d'abord, lentement, en le fixant dans ses yeux d'une lueur démentielle.

Puis je me retournai et pressai le pas pour attraper ma femme et la mettre à l'abri.

Nous n'étions pas dans la cale que les canons grondaient déjà. Tout autour, le bruit devint bientôt infernal. Margarita posa les mains sur ses oreilles en pleurant et les coques se déchirèrent dans un craquement lamentable qui me glaça les os. Des hommes hurlaient de douleur, et d'autres s'époumonaient de rage. Margarita tremblait de tout son corps, en se serrant toujours plus près dans mes bras.

Le petit bateau de Lafitte fut mortellement touché. En voulant prendre le galion par son flanc, il donna quand même la chance au *Pride* de s'y ancrer.

— À l'abordage! cracha le capitaine dans un hurlement venimeux, qui aurait fait peur aux démons eux-mêmes.

De tout bord tout côté, partout où je tendais l'oreille, les hommes croisaient le fer. Quelques coups de feu éclatèrent, des coups de canon aussi.

Et puis soudain, le silence.

Margarita pleurait à chaudes larmes. Elle tremblait de tout son corps. Un instant, j'eus peur pour l'enfant qu'elle portait, mais je ne pouvais rien y faire, si ce n'était la calmer.

— Margarita, murmurai-je. Margarita, écoute-moi!

Elle me jeta un regard, comme si elle regardait ailleurs, dépassée...

— Margarita, reste ici... Je dois monter sur le pont.

— Non, cria-t-elle en se jetant à nouveau dans mes bras. Je ne veux pas te perdre.

Je la repoussai doucement.

— Margarita, écoute-moi! Je n'y serai pas longtemps. Tu es à l'abri ici. Je reviendrai te chercher très bientôt... Margarita, tu m'entends? Je t'en prie, reste ici.

Elle me fit signe que oui, et alla se recroqueviller dans un coin.

Je me levai et me dirigeai vers la sortie. Avant de poser le pied sur la première marche, je jetai un dernier coup d'œil sur elle. Elle n'avait pas bougé.

Je débouchai lentement, prudemment sur le pont. La scène était horrible. Les Espagnols avaient été littéralement massacrés, une vraie boucherie. Les cadavres jonchaient le pont, du gaillard arrière au gaillard avant; il y avait du sang partout. Il n'en restait plus qu'une vingtaine, la plupart des femmes et des enfants. C'était d'une tristesse à vous en soulever le cœur.

Mon estomac gronda.

Nos hommes avaient rapatrié les survivants dans un coin et les gardaient en joue. Le reste de l'équipage formait un cercle, à côté. Je compris alors que le capitaine avait dû être touché.

Un des hommes entendit mes pas derrière et se retourna. Il me reconnut et fit signe aux autres. Le cercle se brisa et je vis le capitaine étendu.

Au même moment, j'entendis un cri de désespoir.

Margarita courait vers son père.

Elle se jeta à son chevet en pleurant tout son soûl.

J'étais déchiré. Mon âme bouillonnait de rage.

— Pardonne-moi, ma fille... Je t'ai toujours aimée...

Il avait grand mal à respirer. Une balle avait mortellement flirté avec son cœur, mais le coup d'épée avait tranché un poumon.

Il rendit son dernier souffle. Jean Lafitte mourut comme il avait toujours vécu : sur la mer, en pirate.

Je me penchai pour aider ma femme à se relever, quand j'entendis un cri par-dessus mon épaule. Je me retournai subitement pour parer le coup que personne n'avait vu venir, en me préparant à saisir mon adversaire. L'épée me manqua de justesse, mais le gémissement que j'entendis me transperça le cœur.

Margarita avait reçu le coup. La lame s'était plantée sous son estomac.

Je hurlai, comme jamais je n'avais hurlé auparavant.

— Non !

Et je cassai le cou de l'homme qui venait de l'atteindre.

— Non ! non ! murmurai-je ensuite en tombant à genoux.

J'enlevai ma veste pour la déposer sur la plaie et arrêter l'hémorragie.

Un homme se pencha près de moi.

— Il faut l'amener dans une cabine.

Il fit signe à deux autres hommes qui la portèrent.

Un troisième cria :

— Tuez-les tous !

Et je n'y tins plus.

J'agrippai le bras de l'homme qui avait crié cet ordre.

— Non ! Pas des femmes et des enfants... Pas tant que je serai en vie.

Mon regard devait en dire long sur mes sentiments, car l'homme déposa le fer.

Tous me regardaient maintenant avec anxiété.

— Descendez les chaloupes, donnez-leur des provisions... Y a eu suffisamment de morts aujourd'hui.

J'étais le gendre Lafitte, mais également le seul encore capable de prendre le gouvernail et de ramener le navire à bon port.

Et les hommes s'exécutèrent.

CHAPITRE XIX

L'eau et les provisions maintenant embarquées dans les chaloupes, on donna l'ordre de partir aux hommes et aux femmes qui avaient survécu au massacre.

Pendant ce temps, certains matelots avaient fait le tour du navire espagnol et pillé tout ce qu'il contenait. Biens personnels, bijoux, argent et or, tout fut amassé dans des coffres et ramené sur le *Pride*. Je permis aux hommes de garder le butin, mais je donnai l'ordre de couler le galion.

Puis nous mîmes le cap au nord. À cause des survivants, la flotte espagnole serait bientôt à nos trousses. J'espérais qu'elle nous croirait au sud, ce qui nous donnerait le temps de gagner New York, où j'avais des amis qui pourraient nous porter secours. Cela fait, j'ai laissé l'homme de la proue à la barre et je suis retourné auprès de Margarita.

En approchant de la cabine, je l'entendis gémir maladivement et je dus ravaler mon chagrin. Je poussai la porte et je la vis, étendue sur sa couchette, tremblante et ruisselante de sueur.

Je lui parlai, malgré ses plaintes.

— Margarita, je t'en supplie, reste avec moi... Ne me quitte pas mon amour, je ne pourrai jamais vivre sans toi...

Elle reprit légèrement conscience.

— Notre enfant, dit-elle dans un souffle court.

J'essayai de la rassurer.

— Ne t'en fais pas pour lui. Tout se passera bien. Nous atteindrons New York bientôt... Tu dois reprendre des forces et dormir un peu.

Rassérénée, elle finit par fermer les yeux et sombrer dans le sommeil, mais ce dernier était trop lourd et trop agité à mon goût. Je mis une main sur son front et sentis la fièvre qui montait. J'allai chercher un baquet d'eau froide pour appliquer des compresses, jusqu'à ce que je sente la fièvre enfin baisser.

Quelques heures s'écoulèrent, sa respiration devint un peu plus régulière. Elle dormait maintenant calmement.

J'avais besoin d'air. Je montai sur le pont.

Incapable de fermer l'œil, je ruminai ma colère, mon désespoir et mon chagrin. Je maudissais les trésors et je maudissais les motivations qui avaient poussé le pirate à attaquer ; la vengeance et la haine du père étaient en train de causer la perte de ma femme et de notre enfant.

Quelque part, aux tréfonds de mon âme, je lui en voulais à mort.

Je suis retourné près d'elle, où je suis resté toute la nuit. Je la tenais dans mes bras lorsqu'elle se réveilla au petit matin. J'essayai de la faire manger, mais des maux d'estomac rendaient tout indigeste. Tout ce qu'elle avait pu garder avait été un peu d'eau.

Le temps pressait. Margarita tenait bon, mais combien de temps pourrait-elle encore résister ? J'avais peur pour son foie. La blessure donnait à penser que l'épée pût l'avoir traversé. Elle devait souffrir le martyre et je craignais également pour l'enfant. Peut-être était-il déjà mort ?

Le deuxième soir, son état s'aggrava. Elle avait beaucoup vomi. Une forte fièvre s'était aussi emparée de son corps meurtri.

Elle perdit un moment connaissance, et je la sentis prise de convulsions.

De sombres pensées torturèrent mon esprit. Jamais je ne pourrais vivre sans elle, pas plus que je ne pouvais me faire à l'idée de la voir mourir. Notre navire transportait une réelle fortune, assez d'or et d'argent pour acheter l'inimaginable. À cet instant, j'étais probablement un des hommes les plus riches au monde, et pourtant! Je me sentais complètement impuissant. Les souffrances de ma femme me torturaient autant qu'elle. J'étais incapable de vraiment l'aider.

Plus qu'un seul jour avant New York. Il fallait qu'elle tienne le coup, j'étais sûr qu'on pourrait la soigner là-bas. Je lui parlai de notre île, des enfants sur la plage, de sa mère qui l'attendait, mais son regard se faisait de plus en plus vitreux, la fièvre devenait presqu'incontrôlable et son sourire s'affaiblissait.

— Margarita, sanglotai-je en suppliant. Je t'aime tellement... Je t'en prie, reste avec moi... Ne me quitte pas... Jamais je ne pourrai vivre sans toi.

Mais rien n'y fit. À trois heures à peine de New York, ma femme poussa son dernier soupir, et mourut dans mes bras.

En larmes, je me suis effondré.

Je n'arrivais pas à comprendre pourquoi la vie m'avait si cruellement arraché à ce bonheur qu'elle venait de m'offrir. Pourquoi cet ange venu du ciel était-il tout à coup rappelé? Pourquoi m'avoir laissé entrevoir un si bel avenir, rien que pour mieux me le voler? De toutes les épreuves traversées au cours de ma vie, celle-ci m'était insupportable. Jamais je n'allais pouvoir survivre à la mort de ma femme.

Usé et défait, je gagnai le pont.

Aucun homme ne m'adressa la parole.

Tous baissèrent la tête dans un silence qui exprimait leur sympathie.

Je les regardai un moment, vaguement, presque sans les voir.

Puis je crachai.

— Changement de cap !

— Et où allons-nous, capitaine ? demanda celui qui me servait désormais de second.

J'hésitai longuement avant de répondre, comme si mon esprit était trop embrumé pour y voir quelque chose.

— Terre-Neuve, me suis-je alors entendu dire, instinctivement et sans y avoir réfléchi.

Nous avons longé les côtes de Terre-Neuve à la recherche d'un petit village où je pourrais enterrer ma femme pour l'hiver. Margarita était catholique, je ne voulais pas la laisser sans sépulture. Au printemps, je pourrais revenir la chercher pour la ramener à sa mère.

Les matelots étaient superstitieux, tout comme les catholiques. Déterrer un mort était une profanation qui risquait de les damner. Le malheur qu'ils attireraient ensuite sur eux était impensable ; mais l'or gagne sur bien des craintes et bien des peurs, en tout cas sur celles des pirates.

— La flotte espagnole ne nous lâchera jamais. Nous devons mettre les trésors en sécurité. Une partie sera enterrée ici avec Margarita, et l'autre ailleurs, avec le capitaine. Bientôt, nous pourrons nous débarrasser du *Pride* et nous reviendrons les chercher.

J'avais marqué plus d'un point avec cette stratégie et les hommes donnèrent très vite leur consentement.

Le premier village qui apparut après Cape Race fut Renews.

J'envoyai quatre hommes à terre pour négocier une place au cimetière. Le prêtre de la petite paroisse nous en donna la permission.

 Nous couvrîmes d'or et d'argent le fond du coffre en bois qui allait servir de cercueil à ma femme et je l'ai étendue, avec notre enfant qu'elle portait encore en elle, sur le trésor qui garantirait son retour.

Le cercueil était si lourd que huit hommes durent s'y mettre pour le descendre à terre et le déposer dans la charrette que nous avions louée. Le cheval nous amena au cimetière, où je payai trois pièces en argent et une en or au gardien pour qu'il prenne soin de la tombe jusqu'à mon retour, au printemps.

La pièce d'or était celle que le capitaine m'avait donnée le jour où j'avais repêché son gouvernail. Je haïssais maintenant toutes ces futiles et damnées possessions, pour lesquelles son propre père avait sacrifié ma femme et notre enfant. Je ne voulais plus de cette pièce, j'étais incapable de la regarder.

Les hommes déposèrent le cercueil près du trou que d'autres s'activaient à creuser et je demandai qu'on l'ouvre une dernière fois.

En voyant son doux visage, je tombai à genoux.

Même dans la mort, Margarita était belle.

De mes doigts tremblants, j'effleurai délicatement sa joue.

— Je serai de retour. Au printemps, je serai là, mon amour...

Les hommes avaient-ils entendu mon murmure ? Je ne sais pas. Mais le silence plana sur cette terre comme si Dieu lui-même l'avait ordonné. Ni le chant des oiseaux ni celui des grillons, pas plus que le vent dans les arbres ou dans la plaine n'étaient intervenus entre nous deux.

— Je t'aime, Margarita... Et je t'aimerai toujours.

Je passai à son cou le petit médaillon que j'avais repêché et gardé pour elle.

— Je te retrouverai Margarita, où que tu sois, je te retrouverai, je t'en fais le serment... Un jour, nous serons à nouveau réunis, dans une autre vie, dans un meilleur temps.

Je déposai un dernier baiser sur ses lèvres froides, tandis qu'une larme coulait sur ma joue.

On replaça et cloua le couvercle avant de descendre la tombe dans le trou, où je lançai la première poignée de terre.

Nous avons ensuite repris la mer.

Restaient encore l'autre partie du trésor et le cadavre du capitaine à enterrer.

Je remis le cap au sud-est vers un lieu particulier et vraiment méconnu.

Je conservai trois mille pièces d'or pour négocier et acheter notre passage, si jamais un navire espagnol nous tombait dessus. J'avais tant perdu le goût à la vie que, si ce n'avait été de cette promesse faite à ma femme, jamais je n'aurais pu y avoir songé. La douleur faisait battre mon cœur péniblement. Pour ma part, j'avais presque hâte d'en finir. Mais les hommes, eux, trouvèrent l'idée brillante et acquiescèrent aussitôt.

Un peu avant d'atteindre le Cape Race, j'ai tout à coup remarqué l'énorme trou dans le rocher.

— Baissez la voile ! Jetez l'ancre ! criai-je soudain, immédiatement suivi par les mêmes ordres du second.

Les hommes s'exécutèrent avec autant de rapidité, tandis que mon second venait me rejoindre sur le gaillard d'avant.

— Mets la chaloupe à la mer. Je descends à terre.

J'avais pointé le rocher du doigt et il comprit mon intention.

Deux hommes embarquèrent et se mirent à ramer. Nous étions à marée basse. La caverne s'ouvrait à quelque trois mètres au-dessus de l'eau. Elle devait faire un peu plus de deux mètres de hauteur sur sept ou huit de large, et nous nous sommes enfoncés à plus de trois cents mètres, avant de nous arrêter. L'endroit était idéal pour y enterrer le trésor : une petite plage interne marquait les lieux avec plus de précision qu'un « X » sur une carte. La journée s'y prêtait aussi, la mer était calme, du jamais vu à cet endroit. Les hommes étaient contents et nous sommes rentrés pour partager notre découverte avec le reste de l'équipage, qui vota sur-le-champ.

Les coffres furent remplis à craquer d'or, d'argent et de bijoux. Un trésor d'une valeur quasi inestimable, capable de rendre fou n'importe quel chercheur. Un trésor que je maudissais de toute mon âme et dont j'avais hâte de me débarrasser. Un trésor aux côtés duquel je fis enterrer Jean Lafitte.

— Puisse-t-il le garder... pour l'éternité.

CHAPITRE XX

— Qu'est-ce qui vous fait croire que personne ne trouvera le capitaine et son trésor dans ces grottes? demanda mon second.

— C'est le passage des glaces en provenance du nord qui calme la mer et qui ouvre son entrée au printemps. La navigation n'y est praticable qu'un seul mois dans l'année. La mer est beaucoup trop turbulente et chargée de brume en d'autres temps... Et d'ailleurs, rares sont ceux qui connaissent suffisamment bien cet endroit pour pouvoir s'y aventurer.

Les hommes avaient roulé une grosse pierre pour mieux marquer la tombe, puis nous sommes rentrés au navire, où j'avais donné l'ordre de mettre le cap sur la France.

Nous n'étions plus qu'une douzaine. Douze hommes seulement qui avaient survécu au dernier massacre ordonné par le pirate, et qui savaient où le fruit de sa terrible vengeance avait été enfoui. La vie de l'homme que j'avais un jour admiré me paraissait désormais démentiellement futile et sans fondement. Sa présence n'avait réussi à causer que la mort : sa fille, notre premier enfant et moi maintenant. Si j'avais rêvé d'être pirate alors que je n'étais encore qu'un bambin, voilà que je l'étais devenu. Si j'étais pris, j'allais être pendu.

— Pourquoi la France? renchérit mon second, en me sortant de mes pensées.

— Nous serons recherchés dans toutes les Caraïbes. Nous devons trouver refuge en terre étrangère et nous acheter un navire... Faut nous faire oublier quelque temps.

Le Havre, ville natale de ma mère, où je pourrais écrire à madame Lafitte, dont je me remémorai soudain le visage au matin de notre départ, sur le quai. Elle aussi avait pressenti ce malheur, j'en étais maintenant convaincu. Je me rappelai le mien, mon pressentiment, et m'en voulus à mort de ne pas avoir écouté ce cri, qui me déchirait pourtant sans cesse de l'intérieur. Si je n'avais pas raisonné ce pressentiment, Margarita vivrait encore et notre enfant aurait vu le jour...

Je fondis en larmes sous les yeux du second, qui recula devant mon chagrin.

Tous les hommes s'éloignèrent un moment.

Les regards étaient lourds de peine, mais aucun n'osa briser le silence dans lequel je m'étais emmuré.

Les vents nous étaient favorables, le navire avançait à vive allure.

— Y a trop longtemps qu'vous dormez p'us, capitaine. Faut faire queq'chose avant que l'coeur vous éclate en d'dans.

Mon second me tendait une bouteille de rhum. Ses yeux étaient presque suppliants et, avant même que j'eusse le temps de répliquer, il avait déjà mis la main sur la barre.

Je pris la bouteille et me dirigeai vers ma cabine, où j'essayai de me soûler. Une moitié de bouteille plus tard, je finis par trouver refuge dans le sommeil. Un sommeil des plus agités et horrifiants, duquel je sortais en sursauts sporadiques et douloureux.

Je voyais Margarita partout, aussi clairement que si elle avait été là, tout près de moi, sur le navire.

J'étais au bord du délire.

Nous arrivâmes enfin au Havre, où nous débarquâmes de nuit. Nous avions changé le nom du navire, mais je craignais que le *Pride* soit trop connu pour ne pas être reconnu justement.

J'aurais voulu le faire sauter et le voir piquer vers le fond. À cette idée d'ailleurs, mon âme se sentit libérée de son emprise. Par contre, ce que je ne pouvais pas faire, les vers — ou le diable! — s'en occupaient déjà. Le *Pride* pourrissait par le fond. D'une manière ou d'une autre, jamais plus ce navire n'apporterait la mort à un être humain. Je le maudissais entre tous et j'espérais qu'il fût emporté jusqu'aux enfers.

En posant le pied à terre, je pensai à ma famille. Mon père et ma mère étaient-ils encore en vie? Mon frère que je n'aurais probablement jamais le bonheur de connaître se portait-il bien?

J'allai m'informer auprès des marchands, des matelots et des passants, pour savoir si quelqu'un pouvait me donner des nouvelles de la famille Pitt, l'armateur d'Angleterre. Ne trouvant personne qui pouvait vraiment m'informer, je me mis à la recherche d'un nouveau bateau.

Les hommes avaient pris chacun leur bord. Après avoir convenu qu'il était préférable de ne rien mentionner de nos affaires, nous nous sommes séparés. J'étais pourtant rongé par la crainte. Ils aimaient boire et les marins sont loquaces lorsqu'ils sont ivres. De plus, nos achats se payaient en argent espagnol, ce qui n'allait pas être très bien vu. Chaque fois que nous sortions une pièce, nous laissions une piste à suivre derrière nous. Les espions à la solde de l'Espagne auraient tôt fait de nous retracer.

Je dénichai finalement un navire à vendre, à Nantes. Nous nous y rendîmes au plus tôt. Les jours passaient sans que je les voie et je ne dormais toujours pas, ou à peine, juste assez pour tenir le coup. J'étais au bord de la catastrophe, il fallait que je fasse quelque chose, n'importe quoi. Reprendre la mer fut la seule idée qui passa dans mon esprit, et je m'y accrochai comme à une bouée de sauvetage.

À Nantes, je découvris un trois mâts de trente mètres, un vieux bâtiment, mais bien entretenu. Malheureusement, le coffre était pratiquement vide : les hommes, ces idiots, avaient tout dépensé.

Un frisson me parcourut l'échine.

Il fallait pourtant foutre le camp au plus vite.

J'ai fait monter à bord des vivres, des canons et les munitions dont nous aurions besoin pour la traversée. Le propriétaire du navire que je convoitais m'avait mis au fait d'un chargement important, qui aurait dû être livré à Marseille depuis longtemps. Le marchand avait eu des problèmes et son retard le tracassait vraiment beaucoup. Une cargaison qui, je l'espérais, rapporterait suffisamment pour payer le nouveau navire.

Nous avons levé l'ancre dès que la marchandise fut chargée. J'étais de plus en plus pressé par le temps. Un autre pressentiment qui me serrait désormais la gorge à m'en étouffer...

Nous atteignîmes rapidement le détroit de Gibraltar. Si nous arrivions à le passer, nous serions à nouveau en sécurité. À Marseille, nous pourrions nous débarrasser du *Pride* et repartir à nouveau.

Mais deux navires de guerre, des navires espagnols lourdement armés, nous y attendaient. J'avais craint le pire et le pire était maintenant là, devant nous.

Impossible de faire demi-tour et de fuir, ils nous rattraperaient en moins de temps qu'il ne fallait pour le dire. Et s'en prendre à eux, malgré nos canons, était du pur suicide.

Nous étions piégés. Nous étions faits, comme des rats.

— Montez les canons ! criai-je tout à coup aux hommes qui frémirent.

Entre la prison, la pendaison et le combat, j'avais décidé de me battre. Si j'avais à mourir, je devais m'épargner la honte d'un jugement.

— Chargez-les!

Le second alla aider ses hommes tandis que je fixais, en calculant, l'approche des navires ennemis.

Encore un peu, un tout petit peu et ils seraient à notre portée...

— Feu! hurlai-je, pour que ma voix porte au-dessus de notre tir et de la salve que nous recevions.

Un de nos mâts céda en s'écrasant violemment sur le pont, et deux hommes furent tués sur le coup.

— Feu! criai-je encore, sans être certain qu'on m'ait vraiment entendu.

— À l'abordage! avait ensuite ordonné le second qui m'avait vu. Je venais de m'écrouler.

Une fulgurante douleur me transperça de l'avant jusqu'au dos, quelque part juste un peu en bas du cœur. Je me sentais ivre et maladroit.

Étendu sur le pont, j'observai les nuages dans le ciel sans tout à fait comprendre ce qui m'arrivait. Je ne sentais plus mes jambes ni mes bras. Je ne sentais plus mon corps.

Je songeai à Margarita que j'allais bientôt retrouver, en espérant qu'elle m'ait attendu. Je rêvais déjà à ce jour nouveau où nous revenions, ensemble, reprendre le bonheur qu'on nous avait si cruellement volé.

Je me sentais libre. Je gagnais lentement les nuages que je venais tout juste d'observer.

Et tout en bas, sur le pont du gaillard avant, gisait le corps inerte de Jean Pitt, que je regardai couler avec le navire, avant de quitter les lieux et de partir pour de bon.

CHAPITRE XXI

Je tournais ma cuillère dans le café que je venais tout juste de me servir, en écoutant la radio. La journée serait douce. Rien d'extraordinaire, comme l'hiver que nous venions tout juste de finir. L'année 2007 n'était pas une année record.

Une copie de *Cent vingts ans de remords* était déposée sur le coin de ma table, où je m'installai pour déjeuner. Depuis quelques jours, je ne pouvais cesser de penser à Jean Pitt et au trésor de Lafitte.

J'avais à peine cinq ans lorsque je rêvai de ce profond trou noir dans un haut rocher, et j'eus vraiment peur.

— Maman, je suis gelé. L'eau est glacée, avais-je un jour dit à ma mère, qui n'avait pas du tout compris de quoi je parlais.

Ma mère avait tenté de me consoler, mais en vain.

En regardant la page couverture de mon premier livre, je me rappelai ce jour où, désespérée, elle m'avait amené voir son médecin.

— Trop de télévision, envoyez-le jouer dehors.

En reliant maintenant les faits les uns aux autres, je commençais à comprendre mes motivations.

Ce quelque chose qui me poussait à retourner à Terre-Neuve, ce trou noir dans le rocher qui m'appelait...

J'allais devenir plongeur et retrouver mon passé.

Au cours du même après-midi, je commençai donc à griffonner quelques passages sur du papier. J'avais dix-huit ans quand je me suis sérieusement mis à la plongée sous-marine. Mon métier me conduisit presque aussitôt sur les côtes de Terre-Neuve, à Renews, le dernier village au nord, et le premier après Cape Race. Quoique aujourd'hui j'en comprenais enfin tout le sens, à ce moment-là, je ne savais pas encore que j'étais à la recherche de ce nouveau trésor, une vie antérieure qui en avait beaucoup à m'apprendre sur mon avenir.

À cette époque, j'ai planifié et structuré une expédition avec un ami, Réal, plongeur de métier, lui aussi. En mai 1967, nous avions loué une petite roulotte à Saint-Jean, Terre-Neuve. Un pied-à-terre pour l'été, que nous allions passer à Renew.

Ma plume s'arrêta un moment.

C'est étrange comme la vie se répète. Le temps n'existe donc pas...

Je me remémorais les cinq pêcheurs que nous avions invités à notre table, alors que nous prenions une bière dans une taverne du coin. Le rhum coulait à flot. Ivres, les hommes deviennent facilement loquaces. On nous raconta bientôt cette histoire, une légende locale fantastique qui se transmet de conteur en conteur, celle du grand voilier qui aurait mouillé l'ancre au printemps 1825, dans leur port, à Renews. Le capitaine avait débarqué pour demander la permission d'inhumer un corps dans leur cimetière, en affirmant qu'il reviendrait le chercher au printemps suivant.

Et voilà que je me rappelais combien j'étais devenu excité à cet instant précis du conte.

Je pris une gorgée de mon café, avant de replonger dans ma mémoire.

L'homme avait continué en narrant, fait étrange, qu'il avait fallu une bonne douzaine de marins, et costauds avec ça, pour porter le cercueil jusqu'à une charrette qui avait presque cédé sous son poids. La dépouille fut enterrée, mais personne ne revint la réclamer.

On avait un verre dans le nez, Réal et moi. Nous sommes allés chercher le détecteur de métal. Pendant la nuit, on a sondé les tombes du cimetière.

Au-dessus de l'une d'elles, l'indicateur s'est agité. Je me rappelle aussi combien je frissonnais, tandis que les souvenirs de la promesse faite à ma belle remontaient lentement dans ma mémoire.

J'ai dégrisé d'un coup!

Je venais de replonger cent quatre-vingt-deux ans en arrière!

Nous n'avons pas déterré le corps. Profaner une tombe est illégal au Canada. Mais quelque temps plus tard, j'y ai rencontré une fille aux longs cheveux dorés flamboyants. Ce fut le coup de foudre. Nous nous sommes mariés. Ma femme a mis au monde une fille, Susan.

Je me sentais totalement libéré.

J'avais tenu ma promesse.

Cent quatre-vingt-deux ans après avoir enterré Margarita, j'étais revenu pour elle. Au printemps. En mai.

J'enfilai mon café. Mon déjeuner était maintenant froid.

Et je me suis dit :

— Marcel... Faut que tu l'écrives, cette histoire.

ÉPILOGUE

Cette histoire, je vous le concède, est romancée. Par contre, tous les faits marquants s'y trouvent, et c'est d'ailleurs à partir d'eux que j'ai pu extrapoler la suite détaillée et logique que vous venez tout juste de lire.

Après ces quelques pages, *Cent vingts ans de remords* m'apparaissent désormais comme une entrée en la matière, le vrai prologue en somme. Et plus j'avance dans cette direction, plus les choses deviennent claires et rassurantes. Ma vie a maintenant pris un tout autre virage. Je ne la vois vraiment plus de la même manière, elle semble s'alléger davantage à chaque jour, et chaque jour qui passe m'apporte un bonheur nouveau.

Mais quel rapport y aurait-il donc entre cette vie de pirate et ma vie présente pour que je me sente si profondément influencé par la découverte de mon passé?

Honnêtement, je ne me sens pas tout à fait à l'aise à l'idée de vous l'expliquer en quelques mots, car j'ai le sentiment que je vous laisserais alors sur votre faim. Voici donc ce que je propose : une sorte d'étude, si vous voulez, celle de certains passages qui m'ont probablement marqué davantage, mais qui décrivent très certainement — et avec une précision effarante ! — la pensée que j'essaie de communiquer.

Par exemple, au chapitre III, lorsque l'homme fait allusion à ma tenue vestimentaire :

C'était une petite cabine, simplement meublée. Deux couchettes étroites sous lesquelles se trouvaient le compartiment rangement, et une seule table, minuscule, qu'on aurait dit faite pour un enfant. Une odeur semblable à celles de certains hommes, une odeur de renfermé, mais surtout de moisissure causée par l'eau salée, flottait dans l'air dès qu'on ouvrit la porte. Je n'en ai pourtant fait aucun cas. Mon cœur emballé par l'excitation continuait de battre à tout rompre ; j'étais heureux comme je ne l'avais jamais été auparavant.

J'ai voulu placer mon linge en dessous de ma couchette, dans un tiroir que mes sept ans rendaient difficile à ouvrir. Le jeune garçon, bienveillant, vint me donner un coup de main.

— Vous avez de beaux vêtements, me lança-t-il alors avec gentillesse.

Peut-être avait-il eu l'intention de me mettre à l'aise en engageant ainsi la conversation, mais ce fut tout à fait le contraire qui se produisit...

En me remémorant cet instant, j'ai tout de suite compris pourquoi je n'ai jamais vraiment aimé l'argent en tant que tel, et surtout ce sentiment qu'il procure, celui d'être vu et jugé différemment, de se sentir à part des autres. Je suis un homme simple qui croit à l'égalité des chances, car on ne mesure pas la valeur d'un homme d'après ses possessions. Les vêtements dispendieux ne créent pas toujours un effet positif. Je n'ai jamais désiré me démarquer de cette façon. Cette décision qui fut prise, alors que je me nommais Jean Pitt, aura influencé ma vie jusqu'à nos jours. Avant que je ne retrouve cet instant, je dépensais au fur et à mesure ce que je gagnais, et j'ai parfois gagné très gros. M'en souvenir m'aura permis de reconsidérer la question sous un nouvel angle. Je sais maintenant qu'on peut se défaire des idées qui nous enchaînent à des temps révolus. Je crois que c'est ça le contrôle, et c'est ce que j'ai eu envie de partager avec vous.

Voici donc comment je compte vous présenter l'influence qu'ont exercée les différents aspects de cette vie, qui se trouve pourtant loin dans le passé, sur mon attitude présente.

Puissiez-vous vous amuser, comme je l'ai fait moi-même. J'espère que ces révélations vous aideront à gagner la paix intérieure.

ANALYSE

CHAPITRE VII

Une éternité, me sembla-t-il, s'était écoulée avant que le massacre ne cesse. Nous avions gagné la bataille, nous avions survécu. Un bonheur qui ne m'a pourtant pas gagné. L'ennemi était peut-être réellement fou, peut-être fallait-il vraiment l'arrêter, mais en comptant les morts, le prix à payer pour cette victoire m'apparut démentiellement démesuré. J'avais rêvé aux pirates certes, à l'abordage de leurs navires lors de combats, de trésors à récupérer et de belles damoiselles à sauver des mains de capitaines sans scrupules, mais jamais je n'avais imaginé une telle horreur.

Les rescapés devaient maintenant porter secours aux autres. J'ai dû panser des plaies, amputer des jambes et des bras et préparer des morts. Un des moussaillons, embarqué avec moi, avait péri au bout de son sang. Je regardais son visage étonnamment blanc, ses yeux fixes et sans vie, quand l'officier qui s'était juré ma perte m'approcha.

— Tu peux t'estimer heureux de t'en être sorti indemne... cette fois.

Un million de sous-entendus planaient dans les deux derniers mots. Il faisait terriblement chaud sur le pont, j'étais en sueur et, pourtant, transi de froid.

Un garçon, à bord depuis beaucoup plus longtemps, vint me prêter main-forte pour soulever le cadavre.

— Il te déteste parce que ta famille est bien nantie et que ton instruction dépasse largement la sienne...

— *Et comment sais-tu cela ?*

— *On n'a rien qu'à t'entendre parler pour comprendre...*

Nous déposâmes le mort sur la pile déjà amassée, près du gaillard avant.

— *Y a juste les gosses de riches qui peuvent tenir un tel langage.*

J'aurais été poignardé dans le dos que je n'aurais pas eu plus mal. Là où l'instruction était un atout, elle était capable de devenir nuisance ailleurs...

L'instruction m'a constamment posé le même problème ; je la craignais, j'avais peur qu'elle m'attire des ennuis. À mon époque et en région, les gens étaient loin de tous pouvoir se permettre le cégep ou l'université. Beaucoup quittèrent l'école après leur cinquième secondaire. L'idée de me rendre plus loin que la majorité m'amena très vite à penser que je serais inévitablement jalousé, et peut-être même au point d'être mis de côté par mon entourage.

Étonnant n'est-ce pas ? Comment un schéma de pensée qui date de plus de cent cinquante ans peut encore vous coller aussi impunément à la peau ?

J'ai alors réalisé qu'il fallait être prudent pendant les instants de chagrin, de colère, de peur, de bouleversement ou de tout autre ressentiment. Les certitudes acquises en ces instants peuvent adhérer à nos pensées pour toujours. Jamais elles ne pourront changer, à moins qu'on ne retrouve le moment précis où la vie les a ainsi imposées.

Cette nouvelle prise de conscience a soudainement et radicalement changé mon comportement. Je porte une attention particulière aux pensées qui me poussent à ralentir, à m'arrêter. Car maintenant que je sais, je peux changer mon avenir.

CHAPITRE VIII

Une tempête, arrivée de nulle part, mais d'une violence inouïe, avait soudainement éclaté. La force des vents était démentielle, de cent à cent dix nœuds, peut-être même plus. L'orage nous frappa en secouant le navire comme une vulgaire coquille de noix. La pesanteur de la cargaison, ajoutée aux pluies torrentielles et aux vagues pareilles à des lames de fond, ébranla le bateau qui commença à se coucher de côté. Une partie du chargement se détacha, rien à faire pour stabiliser la cargaison ; les barres de cuivre écrasèrent deux hommes qui tentaient de resserrer les liens devant les maintenir en place, d'autres voulurent les secourir mais durent très vite abandonner. Nous n'avons même pas tenu, tant l'orage nous brassait. Le capitaine criait des ordres à tue-tête, mais le vacarme et les secousses empêchaient les matelots de réagir aussi rapidement que demandé. Puis une lame qui devait faire deux fois la hauteur du bateau arriva, souleva le gaillard avant qui menaça de lever le nez par derrière. Le navire tomba de côté et la cargaison avec lui. L'eau inondait maintenant la cale, nous coulions.

La rapidité avec laquelle nous étions tirés vers le fond était hallucinante. Je ne saurais encore dire comment j'ai pu échapper à un tel cataclysme. Dans cette mer déchaînée, un baril est venu à mon secours. Je m'y suis agrippé comme à une bouée de sauvetage.

J'ai dérivé toute la nuit. Je n'ai vu aucun autre survivant...

En 1967, une compagnie de plongée sous-marine m'a contacté pour me proposer de plonger dans la Baie-des-Chaleurs. Ils y cherchaient un navire qui avait coulé, avec une cargaison de barres de cuivre et de fer. L'incident aurait eu lieu en 1813-1814. J'ai accepté cette offre, et je me suis joint à l'équipe qui avait été mise sur pied pour ce projet. Au cours d'une plongée, tout au fond, près du navire, je me suis soudain pris dans les cordes qui se sont dangereusement entremêlées. J'ai bien failli manquer d'air et mourir noyé ce jour-là, comme j'avais failli mourir noyé en ce jour où le navire d'Henry Pitt, l'armateur, avait été envoyé au fond, dans cette même Baie-des-Chaleurs où l'équipe de 1967 m'avait amené.

Étrange comme les moments douloureux de nos vies passées peuvent nous appeler et nous forcer à les revivre. J'en réalise l'impact aujourd'hui. Ce n'était pas dû au simple hasard. Par deux fois, la Baie-des-Chaleurs m'a proposé la mort, et par deux fois j'ai refusé de succomber à son appel, ce qui m'amène à croire que nous pouvons contrôler notre propre destinée. Le destin n'est pas un chemin déjà tracé sur une carte. Nous le créons nous-mêmes avec les décisions que nous prenons à chaque jour qui passe et qui nous mène vers lui.

Nous nous sommes perdus un moment dans la populace, les rues de New York étaient grouillantes de monde. Bientôt, à l'entrée d'un quadrilatère qui ressemblait à un marché, je vis qu'on y pratiquait des enchères : la vente d'esclaves. Un autre aspect de la race humaine qui me donne envie de vomir. Chaque fois que je croisais un nègre ou un de ces marchands sans scrupules, je me remémorais ces histoires horribles et dégoûtantes qu'on raconte au sujet de cargaisons complètes, jetées par-dessus bord pour éviter à la population des continents à qui les esclaves sont destinés la contagion de maladies qui parfois se développent dans les cales, où ces pauvres hères sont entassés dans leur souillure, et sans eau. Hommes, femmes et enfants, enchaînés les uns aux autres, puis attachés à des poids destinés à les tirer vers le fond, étaient ainsi envoyés cruellement à la mort.

Impuissant, je dus cesser de regarder et je tournai les talons...

Si les gens s'éveillaient et prenaient tout à coup conscience de leurs vies passées, peut-être réaliseraient-ils alors que leurs actes portent atteinte aux prochaines vies à venir. Le raciste, l'assassin, le sans-cœur et l'irresponsable d'aujourd'hui tombe-ront un jour ou l'autre inévitablement victime de leurs propres actes. La loi du retour est une toute petite formule mathéma-tique indéniable. C'est par la tolérance et l'amour qu'on se gagne une place dans l'éternité. Pour moi, l'enfer est le regret des gestes vils que nous avons posés, puis oubliés, et qui restent suspendus dans le temps parce qu'ils ne sont toujours pas réparés. On peut tout reprendre avec le coeur.

Un autre de mes espoirs donc, qui était soudainement appelé à devenir une réalité : la recherche de trésors perdus. La plongée pouvait facilement se pratiquer dans la baie qui offrait des eaux claires et pro-fondes, et je n'avais pas à me soucier de la Marine anglaise qui ne posait pas les pieds en cette terre bénie.

La Louisiane était réputée pour la piraterie et Jean Lafitte était le plus connu d'entre tous. Gentleman fortuné au sale caractère, on le disait marié à une très jolie femme mais acoquiné à d'innombrables maîtresses. On racontait aussi qu'il était le père d'une impressionnante marmaille, et qu'il avait des enfants dans tous les ports des Caraïbes. J'avoue par contre que ces histoires ne m'intéressaient pas. Ce qui m'inté-ressait, c'était de pouvoir arriver à retenir mon souffle sur une tren-taine de mètres, pour repêcher ce fameux trésor auquel personne ne croyait vraiment...

J'ai visité plus de quatre cents épaves au cours de ma vie. De 1964 à 1983, j'en ai fait mon gagne-pain. J'ai surtout œuvré sur les côtes de Terre-Neuve, au Canada. De ces épaves, j'ai surtout remonté des métaux comme le cuivre, le bronze ou le plomb. Les expéditions sont extrêmement dispendieuses, donc je n'ai que rarement tenté ma chance auprès des trésors.

Le récit de toutes mes expériences, ma vie de plongeur et de chercheur de trésors, vous les trouverez dans *Le dernier bon pirate*, un livre adoré de mes lecteurs.

CHAPITRE IX

Mais tous retenaient leur souffle.

— Huit réaux espagnols, clama soudain le capitaine en levant la première pièce... Et deux réaux péruviens, fit-il ensuite avec l'autre.

Des cris de joie fusèrent de toute part. Sur le bateau, les matelots sautaient en dansant.

La légende se confirmait.

— En as-tu vu d'autres ? demanda le capitaine sans se préoccuper de ses hommes.

— Non, répondis-je... Peut-être n'en reste-t-il plus.

Je savais, tout comme le capitaine, que tous les galions espagnols étaient lourdement chargés d'or et d'argent, ne serait-ce que pour payer l'équipage, s'approvisionner pour le retour et, plus important encore, ils transportaient les munitions qui servaient à se défendre contre les attaques fréquentes dont ils étaient constamment victimes. Néanmoins, à cet instant précis, je ne pouvais encore dire si ce navire était effectivement l'un d'eux ; les eaux étaient trop troubles et je ne pouvais m'y tenir assez longtemps. Par conséquent, il se pouvait tout autant que nous ayons affaire à un bateau pirate et, dans ce cas, tous nos rêves pouvaient être perdus : les pirates dépensaient leurs gains au fur et à mesure qu'ils se les appropriaient, ils vivaient avec la peur d'être coulés, capturés, condamnés et pendus.

Il ne nous restait donc plus qu'à l'espérer, ce damné galion.

— Tiens mon garçon, elle t'appartient, fit tout à coup le capitaine en me remettant la pièce de huit réaux.

Je l'examinai attentivement en songeant que peut-être, en effet, je n'étais pas né pour la vie de pirate ; tuer pour piller ne m'inspirait

guère. Mais voilà désormais que je réalisais combien la vie de plongeur,
elle, commençait à me coller à la peau...

Le capitaine m'avait dit de garder la pièce de huit réaux espagnol et je l'ai conservée en souvenir.

Drôlement, lors d'une plongée sur une épave à Terre-Neuve, j'ai mis la main sur une pièce identique, un huit réaux espagnol que j'ai toujours gardée. On reste attaché à certaines reliques du passé sans parfois trop comprendre pourquoi, j'ose le croire du moins. C'est une façon de conserver avec soi une petite partie d'une vie passée qui nous a donné du bonheur.

CHAPITRE X

Les jours passèrent alors que nous nous occupions aux tâches habituelles : réparer les voiles, les poulies, laver le pont et surtout nous débarrasser des rats. De temps à autre, un orage grondait au loin et les éclairs sillonnaient, le ciel en nous donnant la chance de pouvoir les observer, sans la crainte qu'ils frappent le navire ou y mettent le feu. Ainsi vus, les orages deviennent alors magnifiques. Ils ne provoquent plus la peur, mais l'admiration.

Chaque jour me rapprochait davantage de mon but : l'île de la Tortue ! Ce coin de terre au milieu de l'infini océanique, qui regorgeait des légendes et des mystères dont mon enfance n'avait jamais cessé de rêver, était pour moi l'endroit le plus fascinant, le plus envoûtant au monde. Et lorsque, à l'horizon, de ses hautes falaises surplombées par son pic montagneux, elle m'apparut enfin, j'eus l'impression qu'elle m'avait attendu, comme l'épouse fidèle qui attend que son mari rentre à la maison...

Vous est-il déjà arrivé de vous rendre à un certain endroit et de vous y sentir comme chez vous ? Ou encore, vous est-il déjà arrivé de vous sentir au-dessus de votre corps ?

C'est ce que, moi, je ressens dès que j'approche cette île. Je m'y sens chez moi, je suis à l'extérieur de mon corps et je suis vraiment bien.

Je m'avançai tranquillement dans l'allée opposée à celle où ils se tenaient encore debout, la fille et le père, et plus je m'en approchais, plus je désirais ardemment voir son visage. Elle dut sentir l'insistance de mon regard posé sur elle, car pendant un court moment, elle s'était retournée.

Lorsque ses yeux croisèrent les miens, mon cœur fit un bond et j'eus l'impression que la terre s'arrêtait de tourner. Le temps avait tout à coup perdu sa mesure et j'ai bien cru que le monde entier avait aussi cessé de respirer. Une courte seconde qui me parut pourtant éternelle, où tout mon être était envoûté. Je mémorisai sans peine la clarté de son regard, la douceur de ses yeux, les traits fins et délicats de son beau visage...

Quand elle vira la tête pour s'en retourner à ses prières, je suis resté là, un moment, stoïque mais empreint d'un sentiment nouveau et des plus étranges. J'avais les paumes moites et mon cœur s'était emballé. D'un seul coup, j'oubliai tout ce qu'on m'avait dit à propos du père.

Il me fallait la revoir...

Toute notre vie, on cherche la personne idéale. Nous nous faisons une idée bien précise de son apparence et de ses qualités, puis cette image nous suit. Il arrive parfois qu'on ne la trouve jamais. Mais si ce moment arrive, on le sait, de toute son âme et de tout son corps. La sensation est alors si forte qu'on la nomme « coup de foudre ».

CHAPITRE XII

Je suis redescendu avec le plus jeune cette fois. J'ai mis la main sur une dizaine de pièces que je mettais dans mon filet, quand un mouvement soudain attira mon attention. Le jeune était pris de panique et remontait à la surface : j'étais resté trop longtemps pour lui.

Je cessai mes fouilles en pestant contre moi-même et je suis remonté par derrière lui. À une dizaine de mètres de la surface, je l'ai vu relâcher tout son air. J'étais sûr maintenant qu'il allait se noyer.

Je me dépêchai pour le rejoindre, mais l'équipage avait noté l'anomalie. Deux plongeurs avaient sauté à l'eau pour lui porter secours.

Sur le pont, il était étendu, inconscient.

— Il a respiré sous la surface, me cria Camilius.

— Je sais, répliquai-je simplement.

J'étais déjà près de lui, et je poussai instinctivement sur ses poumons. Au bout d'une minute, il recracha l'eau qu'il venait d'avaler.

— Ça va, mon gars ? lui demandai-je aussitôt qu'il ouvrit les yeux. Il me fit signe que oui...

Tout dépend de ce qu'on décide, les choses vont bien ou vont mal, selon notre pensée.

J'ai pratiqué la plongée sous-marine pendant une vingtaine d'année et visité plus de quatre cents épaves. J'ai travaillé comme récupérateur de métaux et la dynamite était du matériel que nous utilisions tous les jours. Je n'ai jamais été moi-même victime d'accidents graves, aucun membre des équipes à ma charge non plus, d'ailleurs. J'en suis très fier et fort heureux.

J'ai toujours contrôlé les choses autour de moi, y compris mon propre corps. Je sais que chacun d'entre nous peut en faire autant. Il suffit de le décider.

CHAPITRE XIX

Je suis retourné près d'elle, où je suis resté toute la nuit. Je la tenais dans mes bras lorsqu'elle se réveilla au petit matin. J'essayai de la faire manger, mais des maux d'estomac rendaient tout indigeste. Tout ce qu'elle avait pu garder avait été un peu d'eau.

Le temps pressait. Margarita tenait bon, mais combien de temps pourrait-elle encore résister ? J'avais peur pour son foie. La blessure donnait à penser que l'épée put l'avoir traversé. Elle devait souffrir le martyre et je craignais également pour l'enfant. Peut-être était-il déjà mort ?

Le deuxième soir, son état s'aggrava. Elle avait beaucoup vomi. Une forte fièvre s'était aussi emparée de son corps meurtri. Elle perdit un moment connaissance, et je la sentis prise de convulsions.

De sombres pensées torturèrent mon esprit. Jamais je ne pourrais vivre sans elle, pas plus que je ne pouvais me faire à l'idée de la voir mourir. Notre navire transportait une réelle fortune, assez d'or et d'argent pour acheter l'inimaginable. À cet instant, j'étais probablement un des hommes les plus riches au monde, et pourtant ! Je me sentais complètement impuissant. Les souffrances de ma femme me torturaient autant qu'elle. J'étais incapable de vraiment l'aider.

Plus qu'un seul jour avant New York. Il fallait qu'elle tienne le coup, j'étais sûr qu'on pourrait la soigner là-bas...

On peut tout posséder, or, argent, navires, voitures, maisons, mais en réalité, on n'a rien du tout. Les biens matériels sont là pour faciliter et préserver la vie, non pour la donner. D'une vie à l'autre, tout recommence à neuf. La responsabilité, la conscience, l'expérience et le savoir sont les seuls biens réels qui restent à tout jamais en notre possession.

Malheureusement, les drogues ingurgitées aujourd'hui par la population diminuent considérablement ces facultés, et la conscience tout comme la responsabilité. C'est une descente en spirale qui va de plus en plus vite, et c'est ce qui fait perdre le contrôle.

CHAPITRE XX

Je venais de m'écrouler.

Une fulgurante douleur me transperça de l'avant jusqu'au dos, quelque part juste un peu en bas du cœur. Je me sentais ivre et maladroit.

Étendu sur le pont, j'observai les nuages dans le ciel sans tout à fait comprendre ce qui m'arrivait. Je ne sentais plus mes jambes ni mes bras. Je ne sentais plus mon corps.

Je songeai à Margarita que j'allais bientôt retrouver, en espérant qu'elle m'ait attendu. Je rêvais déjà à ce jour nouveau où nous revenions, ensemble, reprendre le bonheur qu'on nous avait si cruellement volé.

Je me sentais libre. Je gagnais lentement les nuages que je venais tout juste d'observer.

Et tout en bas, sur le pont du gaillard d'avant, gisait le corps inerte de Jean Pitt, que je regardai couler avec le navire, avant de quitter les lieux et de partir pour de bon...

La découverte de cette vie, et de ma mort, m'a amené à réaliser que nous étions tous une entité, seule et unique : âme, être spirituel, esprit, appelez-la comme vous voulez. Mais tant que nous n'en avons pas pris conscience, tant que nous ne sommes pas retournés dans nos lointains passés pour y extirper les incidents tragiques qui y sont enfouis, ces derniers continuent d'affecter nos comportements et la nouvelle vie que nous menons. La plongée m'aura donc guidé vers ce trésor, le plus inestimable d'entre tous, celui de sa propre découverte.

J'ai longtemps cherché une méthode simple, naturelle et sûre, que tous peuvent facilement mettre en application. Et je l'ai trouvée, comme j'ai trouvé tout le reste. Aujourd'hui, je me spécialise en cette matière. Je suis libre et j'aide les autres à atteindre cette grâce. J'ai répondu à toutes les questions qui hantaient mon esprit : Qui suis-je ? Que se passe-t-il après la mort ? Y a-t-il une autre vie ? Est-il possible de se souvenir de ses vies antérieures ? Pourquoi une personne est-elle malade et comment se débarrasse-t-on de cette calamité ? Quelle est la différence entre le corps et l'esprit ?

Est-ce que tous peuvent également répondre eux-mêmes à toutes ces questions ?

Plus de doute possible.

La réponse est oui.

Oui, pour chacun de nous.

POUR VOUS, PLONGEURS ET CHASSEURS DE TRÉSORS

Ce passage s'adresse aux audacieux qui désirent se lancer à la recherche de ce trésor. Il est toujours là, où je l'ai laissé.

Peut-être cela vous semblera-t-il curieux de me voir ainsi disposé à révéler sa position exacte. Alors sachez ceci : en 1966,

Alex Konstantinov

j'y suis retourné. Dès que je l'ai vu, ce trou noir dans le rocher, j'ai été envahi par la peur. J'en avais des sueurs froides. Je ne suis jamais retourné à l'intérieur de la caverne. Le seul que je connaisse qui ait jamais osé s'y aventurer fut Alex, le caméraman qui m'avait suivi en 2004. Il en est sorti blanc comme un drap. Ce n'est pas un homme qui se laisse facilement gagner par la crainte, mais il a quand même dû avouer que les sons horribles qui se jettent en criant sur les parois de la grotte lui ont causé la peur de sa vie. Alex a filmé la caverne, mais il n'a pas osé s'aventurer jusqu'au fond du trou. Une frousse qu'il n'oubliera jamais et que nous nous remémorons à l'écoute du DVD qu'il a produit.

On ne peut pénétrer dans ce trou qu'au printemps, lorsque la mer est calme. Cent cinquante corps chargés de ceintures bourrées d'argent et d'or s'y trouvent également ; les cadavres de l'*Anglo-Saxon,* qui furent poussés et entassés dans la grotte par les fortes vagues en 1863. Navire duquel, d'ailleurs, j'ai repêché en 1983 plus de quatre millions de dollars en argenterie et en or. Le musée de Saint-Jean, à Terre-Neuve, expose aujourd'hui cette impressionnante collection qui fut évaluée par Mike Knight, numismate de Saint-Jean. Mon premier livre, *Cent vingts ans de remords*, vous narrera cette histoire.

Beaucoup d'autres épaves tapissent encore les fonds de la région. Entre 1963 à 1983, j'en ai visité plus de quatre cents. Les trésors enfouis y sont innombrables, mais comme celui de Jean Lafitte, la majorité d'entre eux n'ont jamais été repêchés.

En 1851, le *SS-Folcon*, navire chargé à bloc, coula tout près de l'île au Bois, à Ferryland, Terre-Neuve. En 1972, je m'y suis rendu et j'ai remonté huit mille pièces espagnoles en argent, et trois autres en or. Cette petite fortune ne représente en fait qu'une infime partie des dizaines de milliers de pièces qui sont restées sous l'eau. À cause de sa densité, l'or descend plus vite au fond, raison pour laquelle il est plus difficile à retrouver. J'ai dû abandonner ce trésor sur place à cause de l'arrivée de l'hiver. Quant aux expéditions, elles sont extrêmement dispendieuses et les fonds sont venus à manquer. J'y ai tout de même fait un saut pour une courte reconnaissance en 2005. J'ai pu constater que le fond marin n'avait pas changé depuis mon dernier passage ; personne n'y avait plongé depuis que je l'avais quitté.

Un autre fabuleux trésor aurait échoué au plus profond de ces eaux, en 1796, dans un navire qui avait soixante-dix canons à son bord. Les pêcheurs des environs ont appelé ce lieu le *Doublon Pool*. J'ai remonté quatre de ces fameux canons, lesquels sont aujourd'hui exposés près du motel *Batery*, à Saint-Jean.

Il y avait aussi le *S.S. Indien*, un navire identique à l'*Anglo-Saxon*, qui fut envoyé au fond à Cape Race en 1859, faisant cinquante-cinq morts. C'était un autre bateau bien connu pour avoir coulé avec beaucoup d'argent à son bord. Je n'ai pas eu à le chercher longtemps pour le trouver, celui-là. Sans parler du *Florence*, à Money-Gulch, qu'on présume devoir contenir un important chargement. Les fonds marins de Cape Race, Terre-Neuve, sont littéralement parsemés de trésors. Avec ses quatre cents épaves connues et répertoriées, l'endroit fut surnommé le *cimetière de l'Atlantique*.

Aujourd'hui, je laisse cette aventure aux plus jeunes. Moi, j'ai trouvé tous les trésors que je cherchais.

Quatre Québécois découvrent un butin près de Terre-Neuve

Qui n'a pas rêvé un jour de participer à une chasse au trésor et de découvrir un butin composé de pièces d'or et de pierres précieuses?

Quatre Québécois ont vécu cette expérience au cours des derniers mois. Toutefois, ils n'ont pas ramené de coffre au trésor, mais plusieurs pièces d'argenterie datant du 19e siècle.

Michel Rousseau

Le butin provient de l'épave du Anglo-Saxon, un voilier à moteur de près de 300 pieds de long, qui a coulé à la fin de l'hiver 1863 près du Cape Race à Terre-Neuve.

Marcel Robillard est un des quatre membres de l'équipe, qui a passé trois mois à fouiller l'épave. Plongeur professionnel, il a fouillé pas quelqu'uns de 300 épaves depuis 1966.

«J'ai découvert l'épave en 1969. Je me suis promis que j'y retournerais un jour, dit-il. Beaucoup de gens rêvent de chasse au trésor. Nous, on a décidé d'y aller».

L'équipe, composée de Marcel Robillard, Denis Bergeron, Richard Berner et Raoul Fortin, espérait trouver de l'or dans l'épave.

«On avait entendu dire que ce bateau, qui venait d'Angleterre, transportait de l'or à destination des États-Unis, affirme Marcel Robillard. Le butin rapporté, qui sera remis au Musée de St. John's à Terre-Neuve, comprend des centaines de pièces d'argenterie portant le sceau du bateau coulé».

Toute une aventure

Les quatre hommes ont affronté vents et marées pour fouiller les débris de l'épave.

«C'était très difficile, raconte Denis Bergeron. Il y avait beaucoup de glace, les courants étaient très forts et beaucoup de roches sont tombées sur l'épave depuis son naufrage».

En effet, le bateau, qui avait environ 450 personnes à bord, avait heurté la falaise pour ensuite revenir se briser sur les récifs.

À l'époque, cette tragédie avait fait rouler beaucoup d'encre. On estime que 230 personnes y avaient trouvé la mort, les autres réussissant à se sauver en canot de sauvetage.

Depuis, la falaise a laissé tomber de nombreuses pierres sur l'épave, qui a aussi été recouverte de vase.

«L'épave est complètement disloquée, dit Marcel Robillard. Quand on arrivait au fond de l'eau, il n'y avait que des débris éparpillés, ce qui a rendu les recherches difficiles. On a aussi retrouvé des os humains parmi les restes du bateau».

Denis Bergeron, Marcel Robillard et Richard Berner, trois des quatre membres de l'équipe, qui a découvert ces vieilles pièces d'argenterie à 75 pieds sous l'eau au large de Terre-Neuve.

La tragédie du Anglo-Saxon refait surface après 120 ans

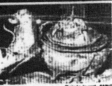

Les quatre hommes ne prévoient pas retourner chercher d'autres trésors dans l'épave du Anglo-Saxon.

«Pour moi, c'est fini la plongée, dit Marcel Robillard. On a mainte-nant d'autres projets en tête, mais on préfère ne pas en parler pour tout de suite.»

Marcel Robillard n'en était pas à sa première découverte d'importance. En 1972, il découvrait un coffre rempli de pièces d'or

moyenne ancienne dans l'épave du SS Feliron, qui avait coulé au large de Ferry Land, à Terre-Neuve en 1861.

Robillard et un compagnons comptent remettre leur butin au Musée de St. John d'ici quelques jours.

Même s'il n'ont pas fait fortune avec ces découvertes, ils auront quand même vécu une aventure exaltante au cours des trois mois passés à Cape Race à la recherche du trésor de l'Anglo-Saxon.

Une théière et une soupière en argent, qui ont passé plus d'un siècle sous l'eau, dans l'épave du Anglo-Saxon.

Photo prise il y a quelques semaines au large de Cape Race à Terre-Neuve alors que Marcel Robillard s'apprêtait à plonger dans les eaux glacées de l'Atlantique à la recherche du trésor.

QUEL TEMPS FERA-T-IL?

CANADA

AMÉRIQUE

LE MONDE à 7h hier matin

Le trésor de Jean Lafitte

La partie enterrée avec sa fille : cimetière de Renews, Cape Race, Terre-Neuve, Canada. La partie enterrée avec le pirate : le rocher dont la grotte n'est accessible qu'au printemps : GPS 46.42,4' nord, 53.03,0' ouest.

L'Anglo-Saxon
Voir les coordonnées du trésor de Jean Lafitte.

Le Doublon Pool
Saint-Jean, Terre-Neuve : GPS 47 23,460' nord, 52 42,599' ouest.

Rare coins hoisted from sea

By WALTER PORONOVICH

Three enterprising and determined men, after several years of investigation and diving, finally struck it rich when they came up with 28 pounds of coins lodged for more than two centuries in a sunken vessel.

Mostly of Mexican-Spanish origin, the coins have a value ranging from $80,000 to $120,000, according to the latest numismatic catalogue. But nearly half of the find has yet to be cleaned and identified, so the value could rise astronomically, they claim.

The search for sunken treasure was begin strictly for mercenary reasons four years ago by Halifax businessman J. W. Stephens, professional diver Marcel Robillard, a former Montrealer who lives in Renews, Nfld., and numismatist Mike Knight of St. John's, Nfld.

The three men are in Montreal to tell of their success to date and to meet with local numismatists.

Hoses used

They had been working off the southern coast of Newfoundland since 1968 before hitting on their find, using suction hoses and even bare hands to recover hoped-for treasures.

Said Mr. Robillard: "The hoses, of course, pick up every conceivable type of debris. It all has to be sorted out piece by piece."

Tales of sunken ships harboring untold treasures are not new, of course, since vessels have been sinking off the wild Atlantic coastline for hundreds of years. Treasure-hunters have dedicated their lifetimes — and sometimes their very lives — in hopes of reaping riches from the sea.

Occasional finds by other treasure-hunters spurred the trio on.

Mr. Stephens said they could not determine the national origin of the vessel that harbored their discovery since everything but the iron hull had disintegrated.

Since most of the coins are of Mexican-Spanish origin, however, it is assumed the vessel was Spanish and could have sunk to its grave off Newfoundland's south coast in 1832, the latest date of one of the coins recovered.

Several cannonballs and the remnants of a cannon were also brought up by Mr. Robillard, who is keeping them as souvenirs.

Among the coins recovered by the party, which continued to work through last summer, is a 1730 silver

"real" attributed to the island of St. Vincent in the Caribbean. Mr. Stephens said it was one of six known to exist in the world.

Other coins

Another coin found was a 1798 U.S. silver dollar.

Also found was a platinum coin, the value of which is being studied.

About half of the coins found during the summer were twisted, mutilated and defaced beyond recognition. Mr. Robillard explained that this was the result of constant battering by swells.

Some of the coins were actually imbedded in the iron hull and had to be pried out with great difficulty.

Mr. Robillard has also found evidence that the treasure had been sought years ago by other adventurers.

"I noticed there were some abandoned jiggers there and they looked pretty eroded. They could have been there for decades," he said.

Mr. Stephens said he hopes to acquire court rights to certain areas off the Newfoundland coast to pursue the hunt for lost treasure.

"With hundreds of vessels lying untouched there, there's no telling what we may find," he said.

A TREASURE IN COINS. Looking over old coins they recovered from an ancient sunken vessel off the coast of Newfoundland are, from left: numismatist Mike Knight, businessman J. W. Stephens, and diver Marcel Robillard.

Le S.S. Folcon

Fairyland, Terre-Neuve. J'estime qu'il doit encore contenir plus de 250 000 pièces en argent et en or : GPS 47.01,7' nord, 52.52,04' ouest.

NOTE DE L'AUTEUR

Ma femme est décédée cinq ans après notre mariage, mais je ne ressens plus le même chagrin. Je l'ai connue sous les traits de Margarita et sous les traits de la blonde flamboyante qu'elle était en 1967. Je sais maintenant que je la retrouverai, n'importe où.

Sa mort prématurée m'a toutefois poussé vers une tout autre recherche, et c'est en 1981 que je mis enfin la main sur le livre qui a changé ma vie. J'ai, depuis, atteint la liberté dont je cherchais l'essence depuis toujours et je me voue désormais au mieux-être de mon prochain.

Du plus loin que je me souvienne, j'ai toujours cru aux vies passées et futures. Je me suis toujours élevé contre les illogismes, les idées fausses, les superstitions et les conclusions sans fondements. J'ai toujours fait à ma tête. Eh bien! la preuve est faite.

Au moment où j'écris ces lignes, des milliers de personnes, de tous les niveaux culturels, sur toute la planète, ont réussi, comme moi, à se libérer de l'emprise de leurs vies passées. N'importe qui peut apprendre à le faire. Ce sont mes convictions qui m'ont mené sur ce chemin.

Jamais je n'oublierai cette institutrice qui me déclara, en 1951, possédé du démon parce que j'avais osé prétendre avoir vécu avant ma naissance, ou pouvoir me tenir librement au-dessus de mon corps. Cette explication par trop simpliste du phénomène nous mena, mon professeur et moi, dans une solide argumentation. Par la suite, je l'ai toujours vue comme une femme bourrée de préjugés, de superstitions et d'idées fausses qu'elle s'amusait à répandre un peu partout. Vous n'êtes pas les seuls à qui on a un jour dit de se taire, de peur de devenir la risée du village ou du comté.

Que vous soyez comme moi des chercheurs de trésors, de passé ou d'avenir, j'ai laissé des références et des coordonnées à la fin de ce livre.

Le trésor le plus cher à mes yeux est l'être humain. C'est en l'aidant que je veux finir mes jours.

Votre ami, Marcel

RÉFÉRENCES ET COORDONNÉES

Pour obtenir une copie du DVD qui fut produit sur les lieux où sont enterrés les trésors de Jean Lafitte et de l'*Anglo-Saxon*, envoyez votre bon de commande ainsi que votre mandat ou chèque au montant de 19,99 $ (tous frais, toutes taxes comprises), libéllé au nom de Marcel Robillard, à l'adresse suivante :

Les Éditions Anglo-saxon
2-3970, rue Prieur, Montréal, Québec, Canada, H1H 2M8
Téléphone : 514-969-4421
anglosaxon@sympatico.ca

Pour contacter monsieur Marcel Robillard :

Les Éditions Anglo-saxon
À l'attention de Marcel Robillard
2-3970, rue Prieur, Montréal, Québec, Canada, H1H 2M8
Téléphone : 514-969-4421
anglosaxon@sympatico.ca
marcelbook@hotmail.com

CONTACTEZ-MOI !

Vous aimeriez retourner dans vos vies passées? Être débarrassé à tout jamais de vos maladies psychosomatiques? Vous souhaitez apprendre une technique simple et si naturelle que même un enfant peut l'appliquer? Vous désirez vous aider vous-même ou aider les autres?

Contactez-moi!

J'ai déjà donné des centaines de conférences à des groupes, en anglais comme en français, partout en Amérique. Je peux réellement vous aider à apprendre comment éliminer les démons de votre passé, comment regagner la santé ou la confiance en soi et retrouver un bonheur stable et durable. Depuis 1981, j'ai déjà aidé des milliers de personnes à retourner dans leurs vies passées et ainsi à se débarrasser de leurs peurs, de leurs ressentiments et des maladies psychosomatiques qui les maintenaient dans l'inaction et l'échec. Tous et chacun d'entre nous avons été, à un moment ou l'autre, retenus dans des moments difficiles : la perte d'un être cher, un divorce précipité, une faillite, un échec dans un projet qui avait pourtant bien été planifié. Quelles que soient les raisons qui ont causé ces pertes, elles ne disparaissent jamais d'elles-mêmes. Nous les accumulons en les oubliant. C'est cette accumulation qui finit par nous gêner dans nos vies. S'en libérer apporte le succès et la joie de vivre.

Je supervise également l'enseignement de cette technique à des individus ou des groupes.

Pour en savoir davantage, il suffit de m'écrire ou de téléphoner.

Bureau de Montréal : 514-969-4421
Adresse de courrier électronique :
marcelbook@hotmail.com

J'espère seulement avoir pu éclairer votre chemin et peut-être pouvoir apporter un peu d'espoir dans vos vies.

Marcel et son équipe en pleins préparatifs.

Mai 2002, Marcel Robillard à l'île de la Tortue.

LEXIQUE

BÂBORD : en se tenant à l'arrière d'un navire et en regardant vers l'avant, le côté gauche du navire.

BARRE : le levier du gouvernail. Tenir la barre, diriger le navire. L'homme de barre, la personne qui dirige le navire.

CALE : partie au fond du navire.

GAILLARD ARRIÈRE : sur un voilier, autre façon d'appeler la partie arrière.

GAILLARD AVANT : sur un voilier, autre façon d'appeler la partie avant.

GRAND HUNIER : autre façon d'appeler le grand mât au bout duquel le hunier était placé.

HUNIER : baril qui était placé en haut du grand mât et dans lequel un homme se tenait pour regarder au loin.

PONT : partie supérieure d'un navire.

POUPE : autre façon d'appeler la partie arrière d'un navire.

PROUE : autre façon d'appeler la partie avant d'un navire.

TIMONERIE : la partie du navire qui abrite les instruments de navigation.

TRIBORD : en se tenant à l'arrière d'un navire et en regardant vers l'avant, le côté droit du navire.

Susan Robillard, fille de Marcel, née à Renews, Terre-Neuve.

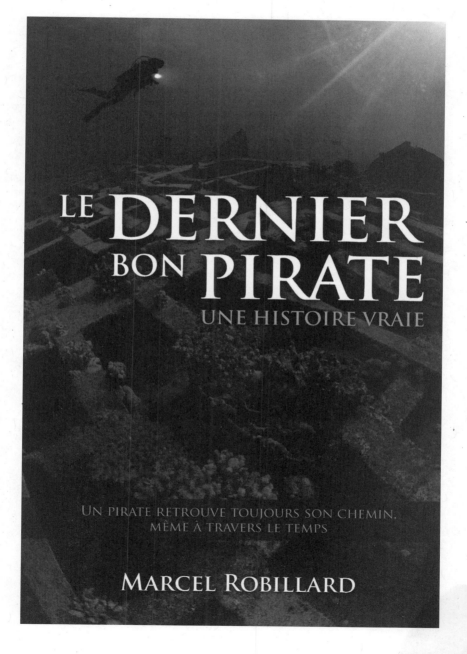

LE DERNIER
BON PIRATE
UNE HISTOIRE VRAIE

UN PIRATE RETROUVE TOUJOURS SON CHEMIN,
MÊME À TRAVERS LE TEMPS

MARCEL ROBILLARD

Pour obtenir une copie de notre catalogue :

Éditions AdA Inc.

1385, boul. Lionel-Boulet, Varennes, Québec, J3X 1P7
Téléphone : (450) 929-0296, Télécopieur : (450) 929-0220
info@ada-inc.com
www.ada-inc.com

Pour l'Europe :

France : D.G. Diffusion Tél.: 05.61.00.09.99
Belgique : D.G. Diffusion Tél.: 05.61.00.09.99
Suisse : Transat Tél.: 23.42.77.40

ADA
éditions

www.ada-inc.com

info@ada-inc.com

L'impression de cet ouvrage a permis
de sauvegarder l'équivalent de 12 arbres.